新时代
高校劳动教育指导

严 怡　石定芳 ◎ 编著
王进军　吴能表 ◎ 主审

西南大学出版社

图书在版编目(CIP)数据

新时代高校劳动教育指导 / 严怡, 石定芳编著. --重庆：西南大学出版社, 2022.5
ISBN 978-7-5697-1266-7

Ⅰ.①新… Ⅱ.①严…②石… Ⅲ.①劳动教育—高等学校—教学参考资料 Ⅳ.①G40-015

中国版本图书馆CIP数据核字(2022)第028157号

新时代高校劳动教育指导
XINSHIDAI GAOXIAO LAODONG JIAOYU ZHIDAO

严　怡　石定芳　编著
王进军　吴能表　主审

责任编辑：	杨光明
责任校对：	胡君梅
装帧设计：	汤　立
照　　排：	王　兴
出版发行：	西南大学出版社(原西南师范大学出版社)
	网　址:http://www.xdcbs.com
	地　址:重庆市北碚区天生路2号
	邮　编:400715
	电　话:023-68868624
经　　销：	新华书店
印　　刷：	重庆市国丰印务有限责任公司
幅面尺寸：	170mm×240mm
印　　张：	15.25
字　　数：	224千字
版　　次：	2022年5月　第1版
印　　次：	2022年5月　第1次印刷
书　　号：	ISBN 978-7-5697-1266-7
定　　价：	58.00元

序

　　劳动是马克思主义思想体系中的重要观念，既是推动人类社会进步的根本力量，也是人类自我创造、自我完善的必经过程。在2018年全国教育大会上，党中央经过慎重研究，决定把劳动教育纳入培养社会主义建设者和接班人的要求之中，提出"德智体美劳"全面发展的总体要求。高校承担着人才培养的重任，高校培养的大学生是否真正相信马克思主义劳动观，相信劳动是整个社会的太阳，相信劳动创造幸福、劳动强国、劳动圆梦、劳关天下，直接决定了中国特色社会主义事业是否后继有人、第二个"一百年"的宏伟蓝图能否终成现实。加强高校劳动教育，充分认识新时代劳动教育的时代价值，明确新时代高校劳动教育的主要内容，建构新时代高校劳动教育的实施路径，完善新时代高校劳动教育的评价方法，从而构建德智体美劳全面培养的教育体系，形成更高水平的人才培养体系，是值得高校探究、学界研究的紧迫问题。西南大学从上述问题入手，开启了对高校劳动教育的新实践和新探讨，编写了《新时代高校劳动教育指导》一书。该书既对高校劳动教育的指导思想和内容体系进行理论观照，也对高校劳动教育的分层实施和评价检测进行现实回应，还结合"四新"专业建设和创新创业教育的开展形成了系列典型案例，对高校如何开展劳动教育具有重要的指导意义。

《新时代高校劳动教育指导》是西南大学在总结自身劳动教育实践工作中形成的重要成果，也是该校结合高校劳动教育特点和自身学科专业特色，建构"专业成长+劳动教育"实践模式的经验总结和理论集成。该书认为，高校劳动教育与中小学劳动教育最大的区别就在于其具有专业性、创新性和实践性。尤其是结合专业实际开展劳动教育，培养学生生产劳动能力和创造性劳动能力，是高校劳动教育区别于中小学劳动教育的典型特征。该书以马克思主义劳动教育思想为指引，在回顾我国高校劳动教育的演进与发展基础上，进一步明确了新时代高校劳动教育的功能和性质，建构了包括劳动观念、劳动知识、劳动实践、劳动技能以及创造性劳动等维度的内容体系。同时，该书从实践应用层面，构建了一个由顶层设计到具体实施的相互衔接、相互配合的劳动教育工作体系，确保学校层面的组织领导职责到各院系的具体实施职责，从高校劳动教育教师的指导职责到高校学生学习职责的全面实施和开展；从新时代高校劳动教育评价概述、新时代高校劳动教育评价体系构成、新时代高校劳动教育评价实施与检验等方面对高校劳动教育效果评价提供理论依据和实践指导。该书还介绍了学校自身在推进一流本科教育建设和"四新"专业建设进程中，将劳动教育融入新文科、新农科、新工科建设和创新创业教育，形成的一系列高校劳动教育的典型实施案例。

　　《新时代高校劳动教育指导》在理论与实践上联系较为紧密，能够从现实问题着手，通过理论分析和实践探索找到新时代高校劳动教育的实施路径，为新时代高校劳动教育的实施提供了有益参考。该书的最大亮点在于探究高校如何结合自身学科专业特色和创新创业教育，将劳动教育融入学校人才培养体系，构建从学校、到院系，再到教师和学生的分层实施路径，并提供了高校劳动教育效果评价的指导方法。当然,该书也存在某些有待改进和完善的空间,如高校劳动教育师资队伍建设、教研室建设、劳动教育课程建设等问题的研究还没有深入开展,劳动教育实施效果的测评工作还没有具体实施,希望学校在后续的研究和实践中继续深化。

总之,该书是一部具有较强实践指导意义的创新之作,相信该书的出版,一定能为新时代各大高校开展劳动教育起到重要的指导作用,非常适合各高校校领导、主管劳动教育的机构部门、院系领导和劳动教育指导教师阅读使用。同时,该书从理论层面总结了新时代高校劳动教育的实施路径和具体案例,也为丰富高校劳动教育的理论与实践研究提供借鉴,适合开展劳动教育研究的教师和学生学习参考。因此,我很乐意向学界同仁和全国高校推荐该书。

是为序。

刘向兵

中国劳动关系学院党委书记

前言

  当前,世界正在经历百年未有之大变局,开启全面建设社会主义现代化国家新征程是新发展阶段面临的紧迫任务。这项任务需要数以亿计的劳动者通过辛勤劳动、诚实劳动和创造性劳动才能实现。高校作为人才培养的主阵地,其培养的大学生能否尊重劳动、崇尚劳动、热爱劳动并积极投身劳动,直接决定了中国特色社会主义事业是否后继有人、第二个"一百年"奋斗目标的宏伟蓝图能否最终实现。因此,劳动教育不仅是高校教育活动的重要内容,还是时代赋予高校的责任。每一所高校都应肩负起这一重要使命,积极探究新时代高校劳动教育的实现路径。

  本书以高校如何开展劳动教育为出发点,结合学校近年来劳动教育的工作实践和经验总结,并收集国内外劳动教育同类教材的优点精心编写而成。与同类教材相比,篇幅减少,内容聚焦,重点突出,以期为提高高校劳动教育的实效性提供参鉴。本书针对高校劳动教育的特点,在回顾我国高校劳动教育的演进与发展基础上,进一步明确了新时代高校劳动教育的功能和性质,建构了包括劳动观念、劳动知识、劳动实践、劳动技能以及创造性劳动等维度的内容体系。同时,本书从实践应用层面,构建了一个由顶层设计到具体实施的相互衔接、相互配合的劳动教育工作体系,确保学校层面的组织领导职责到各院系的具体实施职责,从高校劳动教育教师的指导职责到高校学生学习职责的全面实施和开展。此外,本书还从新时代高校劳动教育评价概述、评价体系构成、评价实施与检验等方面对高校劳动教育效果评价提供理论依据和实践指导;从实践案例出发,介绍了学校将劳动教育融入新文科、新农科、新工科建设和创新创业教育的经验做法。最后,本书分享了学校在理论探究与实践经验总结基础上研制的劳动教育指导手册案例,为高校劳动教育的实施和开展做出了有益尝试和探索,以期对同类高校有一定的借鉴和指导意义。

本书编者来自不同高校的专家和教师,实现了多单位跨部门跨领域的协同创新。编写组成员长期从事高等教育教学改革研究,长期奋战于本科教育教学管理和课堂教学一线,对高校劳动教育进行了一定的理论探索,并积累了丰富的劳动教育实践工作经验。西南大学副校长王进军、教务处处长吴能表指导了本书的编写并最后审定。西南大学教务处严怡、石定芳负责全书的组织协调与设计统稿工作,并承担了部分章节的编写;编写人员还有海南师范大学初等教育学院崔友兴,中国石油大学(北京)克拉玛依校区文理学院涂梦雪,重庆市教育科学研究院谢倩倩,西南大学教师教育学院李怡明、教育学部李学垠、出版社廖伟;西南大学教育学部博士生马健云、金哲,硕士生简琪、唐琪晴也参与了编写。本书的编写,还得到了西南大学教育学部孙振东教授、王正青教授、赵鑫教授的指导与帮助,同时参考了大量专家的研究和实践成果,在此一并深表感谢!

由于我们的水平有限,编写时间仓促,书中难免有诸多不妥之处,敬请使用本书的师生和广大读者批评指正。

目录
CONCENTS

绪　论 ……………………………………………………………1

第一章　新时代高校劳动教育的指导思想 ………………9
  第一节　马克思主义劳动教育思想 ……………………10
  第二节　我国高校劳动教育的演进与发展 ……………18
  第三节　新时代高校劳动教育的功能与性质 …………31

第二章　新时代高校劳动教育的内容体系 ………………41
  第一节　劳动观念 ………………………………………42
  第二节　劳动知识 ………………………………………52
  第三节　劳动实践 ………………………………………59
  第四节　劳动技能 ………………………………………65
  第五节　创造性劳动 ……………………………………72

第三章　新时代高校劳动教育的分层实施 ………………77
  第一节　学校层面的组织职责 …………………………78
  第二节　院系层面的实施职责 …………………………89

第三节　教师层面的指导职责 …………………………………97
　　第四节　学生层面的学习职责 …………………………………105

第四章　新时代高校劳动教育的评价检测 ……………………111
　　第一节　新时代高校劳动教育评价概述 ………………………112
　　第二节　新时代高校劳动教育评价体系构成 …………………124
　　第三节　新时代高校劳动教育评价实施与检验 ………………147

第五章　新时代高校劳动教育的实施案例 ……………………159
　　第一节　"农耕文化"浸润文科学子 …………………………160
　　第二节　"田间劳作"助推专业成长 …………………………174
　　第三节　"食品空间"锻造实践能力 …………………………188
　　第四节　"创新创业"托举人生梦想 …………………………201

附录　西南大学劳动教育指导手册 ……………………………215
　　西南大学新时代劳动教育行动计划 ……………………………216
　　西南大学全日制本科生劳动素养评价办法 ……………………221

绪　论

　　劳动既是人类进行物质生产并积累财富的过程,也是人类自我发展、实现自身价值的过程。劳动是大学生的立身之本,高校劳动教育是沟通大学生职业发展与社会生产的载体和桥梁。劳动教育是全面培养人才体系的重要组成部分,也是马克思教育思想的重要内容。马克思以物质资料的生产和人类自身的生产作为其教育思想的根本出发点,提出了其著名的论断:"生产劳动同智育和体育相结合,它不仅是提高社会生产的一种方法,而且是造就全面发展的人的唯一方法。"①马克思不仅看到教育对社会生产和人的发展具有的重大意义,还看到了劳动的重要作用。劳动是人的本质,是人区别于其他动物的本质活动。"劳动首先是人和自然之间的过程,是人以自身的活动来中介、调整和控制人和自然之间的物质交换的过程。"②人类是通过劳动,去改造客观世界,以满足人自身的需要,从而创造历史、创造世界,也创造了人自身的价值。

　　从马克思教育思想看,劳动是人的本质存在。劳动不仅是人满足基本生存需要、实现社会财富创造和积累的生存活动,更是实现人之为人的自由的本质活动。劳动创造了人类生存所必需的全部物质条件和精神条件,是人类全部社会关系形成和发展的基础,是促使社会历史发展的根本推动力量。劳动

---

① 马克思,恩格斯.马克思恩格斯全集(第32卷)[M].北京:人民出版社,1972,230.
② 马克思,恩格斯.马克思恩格斯全集(第44卷)[M].北京:人民出版社,2001,207.

教育具有特殊的意义,教育与劳动的结合正是实现马克思主义体脑结合、实现人的全面发展、实现人的最终自由的基本途径。重视并开展劳动教育不仅是对教育普遍规律的尊重,也是中国教育发展的优良传统,更是在马克思教育思想指导下社会主义教育的本质特征。习近平总书记站在实现中华民族伟大复兴强国梦的战略高度,在2018年全国教育大会上指出:"要在学生中弘扬劳动精神,教育引导学生崇尚劳动、尊重劳动,懂得劳动最光荣、劳动最崇高、劳动最伟大、劳动最美丽的道理,长大后能够辛勤劳动、诚实劳动、创造性劳动。"首次提出把劳动教育纳入培养社会主义建设者和接班人的总体要求之中,形成了德智体美劳全面培养的教育体系。

2020年3月,中共中央、国务院印发《关于全面加强新时代大中小学劳动教育的意见》,强调劳动教育是中国特色社会主义教育制度的重要内容,要求全面贯彻党的教育方针,坚持立德树人,把劳动教育纳入人才培养全过程,对加强新时代劳动教育进行了整体设计,推动建立全面实施劳动教育的长效机制,贯通大中小各学段,贯穿家庭、学校、社会各方面,把握育人导向,遵循教育规律,创新体制机制,注重教育实效,实现知行合一,促进学生形成正确的世界观、人生观、价值观。2020年7月,教育部印发《大中小学劳动教育指导纲要(试行)》,对劳动教育的性质和基本理念,劳动教育的目标和内容,劳动教育的途径、关键环节和评价,学校劳动教育的规划与实施以及劳动教育条件保障与专业支持等方面对大中小学劳动教育做了全面的指导和规划。《大中小学劳动教育指导纲要(试行)》将劳动教育的目标确定为:使学生树立正确的劳动观念,具有必备的劳动能力,培育积极的劳动精神,养成良好的劳动习惯和品质。普通高等学校要强化马克思主义劳动观教育,注重围绕创新创业,结合学科专业开展生产劳动和服务性劳动,积累职业经验,培育创造性劳动能力和诚实守信的合法劳动意识。2021年4月29日,第十三届全国人大常委会第二十八次会议审议通过了教育法修正案,对《中华人民共和国教育法》做出修改,将第五条修改为"教育必须为社会主义现代化建设服务,为人民服务,必须与生产劳动和社会实践相结合,培养德智体美劳全面发展的社会主义建设者和接班人"。这次修改将劳动教育与另外"四育"并列,将党关于劳动教育的教育方针落实为国家法律规范。劳动教育既表达着教育促进学生全面发展的承诺,更肩负着实现国家教育理想、推进社会进步的责任。[①]高校作为人才培养的核心阵地,如何认识新时代劳动教育的时代价值,明确新时代高校劳动教育的重要内容,建构新时代高校劳动教育的实施路径,完善新时代高校劳动教育的评价方法,从而构建德智体美劳全面培养的教育体系,形成更高水平的人才培养体系成为新的时代命题。

一、认识新时代高校劳动教育的时代价值

劳动教育在教育实践中发挥着独一无二的价值:一方面,它直接培养青少年的劳动观念、劳动精神、劳动习惯和劳动技能,其他教育活动不可代替;另一方面,劳动教育是"五育"融合的最佳平台,在劳动中树德、增智、健体、育美,有效地促进素质教育发展。高等教育是国家教育工作的重要内容,肩负着培养社会主义建设者和接班人的重大使命。劳动教育自身独特的育人价值与形式,应在高等教育人才培养体系中发挥更加重要的作用,既为国家建设培养具有社会责任感、创新精神和实践能力的高级专门人才,又为学生个人的人生奠定全面发展、实干奋斗和追求幸福的身心基础。

高等教育的出口直接面向劳动力市场,培养为社会创造价值的高端劳动者是其应有之义。高等教育中的劳动教育,面向社会是培养从事某专业领域

---

① 林克松,熊晴.走向跨界融合:新时代劳动教育课程建设的价值、认识与实践[J].湖南师范大学教育科学学报,2020,19(2):57~63.

工作所需的劳动知识和技能的职业教育,面向个体是积淀人生发展和幸福生活的劳动能力和精神的素质教育。而不断复杂的社会工作,对知识储备、复杂问题解决和创新能力的更高要求,也让高等教育中的劳动教育弥足珍贵。正如苏联著名教育家苏霍姆林斯基所言:"劳动以外的教育和没有劳动的教育是不存在,也不可能存在的。"[1]从这个意义上说,高等教育本身,就是一种高级形式的劳动教育。

社会主义建设事业和中华民族伟大复兴的历史伟业任务艰巨、道路坎坷,需要培养造就合格的建设者和可靠的接班人,尤其是让高校青年学生肩负起时代大任,形成一支适应社会发展总体目标的高素质的劳动者大军。当下,我国综合国力的提升、核心竞争力的增强,都离不开各行各业的劳动者素质,尤其是知识型、技能型、创新型劳动者的素质。[2]因此,高校需要从劳动教育入手,以"劳模精神""工匠精神"涵养青年学生,让学生积极参与专业性、创新性和服务性等多种形式的劳动实践,使青年学生传承劳动传统、涵养劳动精神、崇尚劳动立身,将个人理想和个人奋斗融入国家发展、民族复兴的伟大事业中,积极参加劳动、投身建设。这样,才能用高质量的教育塑造高素质的劳动者大军,让青年学生在劳动中构筑基础、发现契机、锻炼创新思维和创新创业能力,真正汇聚起"劳动托起中国梦"的强大动力,为实现"两个一百年"奋斗目标和中华民族伟大复兴中国梦助力。

二、明确新时代高校劳动教育的主要内容

《关于全面加强新时代大中小学劳动教育的意见》对新时代劳动教育的内容要求做出规定,要"根据教育目标,针对不同学段、类型学生特点,以日常生

---

[1] [苏]苏霍姆林斯基.教育的艺术[M].长沙:湖南教育出版社,1983:127.
[2] 王炳林.培养担当民族复兴大任的时代新人[J].求是,2018(4),13-15.

活劳动、生产劳动和服务性劳动为主要内容开展劳动教育。"并对高校劳动教育的内容做了明确要求。《大中小学劳动教育指导纲要(试行)》也对普通高等学校的劳动教育内容做出要求,指出高校劳动教育的内容主要是要使学生掌握通用劳动科学知识,巩固良好日常生活劳动习惯,强化服务性劳动,重视生产劳动锻炼。从《关于全面加强新时代大中小学劳动教育的意见》和《大中小学劳动教育指导纲要(试行)》对高校劳动教育内容的规定中可见,高校劳动教育的内容主要围绕劳动知识、技能和价值观三维目标的达成而设置,实施重点是在系统的、科学的劳动知识学习之外,有目的、有计划地组织学生参加日常生活劳动、生产劳动活动和服务性劳动活动,让学生的劳动观念、劳动精神、劳动习惯和劳动技能等得到全面培育和提升。

劳动教育内容是劳动教育的载体,明确新时代高校劳动教育的内容是高校开展劳动教育的基础。劳动教育内容来源于生活和实践,不能脱离生活实践而好高骛远,也不能只重生活实践而止步不前。因此,高校劳动教育要注重生活劳动教育、生产劳动教育和服务性劳动教育的同步推进,构建丰富的劳动教育内容体系。生活劳动教育强调日常生活劳动习惯,引导学生独立处理个人生活事务,树立自立自强意识。生产劳动教育重视生产劳动开展,引导学生参加实习实训、专业服务、社会服务和创新创业活动,重视新知识、新技术、新工艺、新方法在专业学习中的运用,积极提高在专业性生产实践中发现问题和创造性解决问题的能力,在动手实践的过程中创造有价值的物化劳动成果,提升劳动素养。服务性劳动教育要推动学生接触社会、深入生活、参加各种形式的公益劳动和志愿服务,让学生在劳动实践中奉献自己、成就自己,培育为人民服务、为社会谋利的公共精神,找到自己的生存意义和价值。

此外,高校劳动教育的内容还应为国家战略发展和民族复兴使命培养高素质的劳动者,其教育内容要区别于中小学劳动教育。其中,最主要的区别便是鼓励开展创造性劳动教育,注重学科专业与产业新业态、劳动新形态的有机结合,鼓励学生在学习和借鉴他人丰富经验、技艺的基础上,尝试新方法、探索新技术,引导学生创造性地解决实际问题,培养学生的创新精神和实践能力。尤其是全面推进制造强国战略,要求建设一支素质优良、结构合理的制造业人才队伍,对劳动者素质提出了更高的要求,也进一步促进了高校劳动教育标准的提高。高校劳动教育要更加关注创意经济、互联网思维、创客思维、大数据、云计算服务、个性化学习、个性化定制生产等发展趋势,认真吸纳各类新创意的思想营养,以丰富和完善高校劳动教育的内容体系。[①]

三、构建新时代高校劳动教育的实施路径

在过去一段时间里,人们没有意识到,或者忽略了高等教育中所包含的劳动教育性质及其价值,导致劳动教育在高校中出现弱化、窄化、泛化等问题。所谓"弱化",就是过于突出高等教育"智育"的地位,把培养"聪明的头脑"看作高等教育的唯一内容。但若没有劳动的奋斗与奉献精神、健康的身体和熟练的技巧为基础,光是"头脑"也难堪社会建设和幸福生活的大任。"窄化"则是将劳动教育的内涵和内容简单理解,用"身体劳动""家务劳动"等替代高等教育中劳动教育的全意。高校劳动教育除了扫除、清洁等生活劳动教育内容外,还应与中小学的劳动教育有所区别,需要更加直接地指向专业与职业技术技能的训练与创新性思维培养。"泛化"则是将劳动教育作为一种"潜课程"进行实施,缺失目标明确、可操作、可测评的课程和项目依托。这样的劳动教育虽可由人"解说",却难见实效。要克服这些问题,高校必须构建起完善的劳动教育实施路径,在全校范围内达成劳动教育的价值共识并激发每一位师生员工。

高校是劳动教育的主阵地,政府、家庭和社会在劳动教育中的协同育人与互联互通都需要高校的联结与沟通才能发挥其教育功能。高校应充分发挥好

---

① 徐长发.劳动教育是人生第一教育——对习近平总书记"劳动托起中国梦"主要思想的学习体会[N].中国教育报,2015-05-06(7).

自身的主阵地作用,将劳动教育融入自身人才培养体系,构建具体的实施路径。同时,高校是一个自上而下的科层式组织结构,其劳动教育的推进需要从上至下层层推进,也需要全校师生的通力配合。换言之,高校劳动教育的实施需要学校层面、院系层面、教师层面和学生层面的协同发力,每个层面的主体都需要明确自身在劳动教育中扮演的角色和肩负的职责。如此,才能在高校内部建立起从上至下的劳动教育实施路径,真正将劳动教育的目标和要求贯彻到每一个师生员工。

具体而言,高校劳动教育实施应以劳动知识整体化、劳动教育情景化、劳动实践阶段化、劳动学习自主化和劳动意义价值化为策略,坚持目标导向,持续更新教育内容,加强师资队伍建设,不断改善教育环境,以此推进实施路径改革。[1]这些目标和内容的实施需要从两个大的主体进行推进:一个是从学校和院系层面,这两个层面的实施更多是基于组织和管理的角度,从方案设计、课程建设、条件保障等方面对劳动教育的实施路径进行规划和设计;另一个是从教师和学生层面,这两个层面的实施更多是落实和践行学校与院系制定的策略与方案,是保证劳动教育最终实施到位和落实到位的最后一公里。因此,要建构高校劳动教育的实施路径,就需要明确学校、院系、教师和学生各个层面的职责。

四、完善新时代高校劳动教育的评价方法

劳动教育评价体系是新时代劳动教育体系建设的重要组成部分,对引导劳动教育的实施走向、促进劳动教育的目标实现、辨析劳动教育实施的经验和问题、保障劳动教育的实际效能、激励劳动教育的实践创造等具有极为重要的意义。[2]劳动教育评价是对学校前期劳动教育工作效果的评价,其核心在于评

---

[1] 张秀再,常建华,刘光杰.新时代高校劳动教育模式及实施路径探索[J].中国大学教学.2021(07):10-15.
[2] 顾建军.加快建构新时代劳动素养评价体系[J].人民教育,2020(8):19-22.

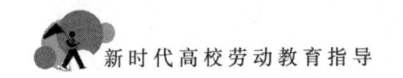

价学生劳动素养发展情况。虽然从表层看,劳动教育评价处于整个劳动教育实施链条中的"下游"环节,但是并不意味着评价就是劳动教育实施走向终点的"孤岛"。相反,评价对整个劳动教育的实施起着承上启下的作用,扮演着"指挥棒"的角色,其价值和使命远远超越其本身的工具意义,是整个劳动教育实施的"方向标"。从这个意义上讲,高校劳动教育的实施必须加快建立相应的大学生劳动素养评价体系,以真正发挥劳动评价在劳动教育育人功能中的"指挥棒"作用。

高校劳动教育评价应以培养和发展大学生的劳动素养作为核心价值取向,是对大学生在劳动教育后逐步形成的劳动精神风貌、劳动价值取向和劳动技能水平的整体状态的评价。这种状态是体现在日常生活、生产实践、职业劳动、社会服务等劳动实践活动中,区别于单一的劳动德育,也区别于单一的劳动知识与技能教育。因此,高校劳动教育评价必须将学生的发展作为核心的评价对象,评价体系的建构必须着眼于学生在劳动领域的整体发展、终身发展的结构性特征和阶段性特征,如此才能真正从马克思主义劳动观的角度出发,促进学校实施全面发展意义上劳动教育的"整体教育"和"完整教育"。

具体而言,高校应根据劳动教育的目标和内容,制定劳动教育清单,形成相应的评价标准与方法体系。劳动素养评价体系的建构可以与劳动教育课程实施相结合,以常态的基础数据、劳动教育依托课程成绩、劳动实践原始记录素材组成基础数据,辅以学生任务完成、劳动观念反思、劳动结果分析形成综合性的劳动素养评价体系。在评价主体上,可以从劳动教育的多场域、多主体特点出发,形成学生自评、生生互评、教师导评的多主体协同评价机制。在评价手段上,可结合教学管理平台,运用信息化手段,简化评价程序和数据填报,形成简单、合理、可操作性的劳动素养评价方法。

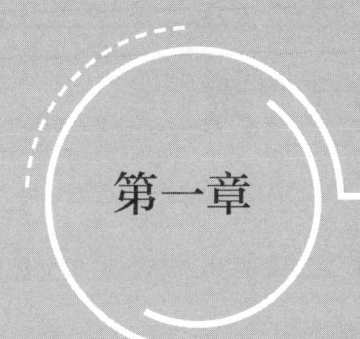

第一章 新时代高校劳动教育的指导思想

劳动教育承载着培养社会主义建设者和接班人的重要使命，习近平新时代中国特色社会主义思想在充分继承马克思主义劳动哲学的基础上，进一步发展了马克思主义劳动观，开创了劳动教育的新境界。新时代高校劳动教育要以马克思主义劳动观为指导，在延续我国劳动教育优良传统的基础上，不断开创高校劳动教育的新局面。高校要顺应新时代劳动发展趋势，对大学生进行系统的劳动思想教育、劳动技能培育与劳动实践锻炼，全面提高大学生劳动素养，引导新时代大学生在劳动创造中追求幸福感、获得创新灵感[1]，为实现中华民族伟大复兴培养具有社会责任感、创新精神和实践能力的高级专门人才。

---

[1] 曲霞,刘向兵.新时代高校劳动教育的内涵辨析与体系建构[J].中国高教研究,2019(2):74.

第一节
马克思主义劳动教育思想

劳动在马克思主义价值观的形成过程中发挥了重要作用。马克思主义经典理论始终围绕劳动对人类社会的作用和意义的宏大视野为核心开展,表达了劳动和劳动教育在人类社会发展过程中的重要作用。比如在哲学上,马克思强调劳动创造历史、劳动创造人和人类社会的唯物史观。在经济学上,马克思强调劳动创造价值,提倡按劳分配。在教育上,马克思提出了人的自由与全面发展、教育与生产劳动相结合等主张。深入研究和理解马克思主义劳动教育思想对开展高校劳动教育,促使大学生树立正确的劳动价值观具有重要的理论和现实意义。

一、马克思主义劳动本体论

一定意义上,当代各派劳动哲学是在与马克思主义劳动哲学展开思想对话的过程中发展起来的。作为劳动理论研究的集大成者,马克思的劳动理论为我们探讨新时代高校劳动教育提供了理论基础。从马克思关于劳动的论述中发现,劳动不仅是一个单纯的经济学、人类学或社会学意义上的概念,而且是从哲学层面上人的生命活动和存在方式来深刻理解的概念。"劳动"作为劳动教育的起点,坚持和发展马克思主义的第一前提就是要回到马克思,从人与自然、人与社会以及人与自身三个层面阐释马克思的劳动概念。[1]

---

[1] 徐海娇,柳海民.遮蔽与祛蔽:劳动的教育意蕴——基于马克思劳动概念的价值澄明[J].湖北社会科学,2017(6):13-18.

(一)人与自然关系层面上的劳动

马克思认为,人首先是一种自然存在物,作为一种"现实的、肉体的、站在坚实的呈圆形的地球上呼出和吸入一切自然力的人"①。由此观之,作为"肉体的主体"有其物质生活的需要,生存的前提是必须满足自身的一切现实需求。而为维持生命,人必须进行劳动,通过使用一切自然力来占有、改造自然物,使自身的劳动固定、物化在某个对象当中,以满足自身的生存需要。恰如马克思所言:"人靠自然界生活。这就是说,自然界是人为了不致死亡而必须与之处于不断的交互作用过程的、人的身体"。②他同时指出:"劳动首先是人和自然之间的过程,是人以自身的活动来中介、调整和控制人和自然之间的物质变换的过程"。③人类只有通过劳动为中介,才能实现人与自然之间的物质变换并实现自身的生存。马克思撇开了特定的社会形式,认为劳动是不以社会形式为转移的人类生存的条件,是人类为了满足自身现实的物质生活所需而对自然物的占有。

(二)人与社会关系层面上的劳动

从人与自然的向度出发,劳动是人与自然之间的物质变换。劳动作为人类独有的社会实践活动并非孤立于社会之外而进行,孤立的个人是不能改造自然物和满足自身的生存需求的,劳动本身产生着人与人之间的社会交往关系。可见,人与人之间的社会关系不是自生的,既不是外在于也不是强加于人的,这种社会关系内生于人的劳动之中,并非凌驾于人的现实的实践活动之外的先验存在物。马克思认为,一切生产都是个人在一定社会形式中并借这种社会形式而进行的对自然的占有。所以,人与自然的关系以及人与人的社会

---

① 马克思.1844年经济学哲学手稿[M].北京:人民出版社,2018:105.
② 马克思.1844年经济学哲学手稿[M].北京:人民出版社,2018:56.
③ 马克思恩格斯.马克思恩格斯文集(第五卷)[M].北京:人民出版社,2009:207.

关系,是同一生产过程中不可分割的两个方面,是不以一切社会形式为转移的。劳动生产力发展推动人类历史进步,以劳动工具的变革发展为标志的劳动生产力的变革发展,推动了劳动形态的变化以及人类社会的历史运动。因为劳动生产力的变革发展引发了整个劳动关系和社会关系的变革发展,推动了劳动的阶级性变革以及人类社会形态的历史性改变。人作为劳动主体,是劳动价值创造与实现的主体,在不断推动人类历史进步的同时也推进了人自身的自由性更普遍的扩展。人类劳动过程中由劳动生产力变革引发的劳动关系和社会关系的变革,现实性地推动了人作为创造历史的劳动主体的自由性的普遍发展。①

(三)人与自身关系层面上的劳动

古典经济学家将劳动囿于创造物质财富的手段,马克思的突破在于揭示了创造物质财富并不是劳动的终极目的,劳动更为重要的目的在于通过这种"自由自觉的活动"去"占有自己的全面本质",从将劳动视为人的本质高度出发深刻揭示了人在劳动中创造和发展人自身。马克思发现人类通过劳动,"作用于他身外的自然并改变自己时,也就同时改变他自身的自然。他使自身的自然中蕴藏着的潜力发挥出来,并且使这种力的活动受他自己控制"②。劳动这种"自由自居的活动",不仅通过人的对象性活动建立了人化的自然,以及在人与人之间活动中建立了社会关系,更为重要的是在这一过程中创造和发展了人自身。③人通过劳动不断展开对整个文化世界的创造,使人的生活世界不断焕发生机活力,历史性地展现人的存在的普遍意义。人的劳动创造过程即

---

① 程从柱.劳动教育何以促进人的自由全面发展——基于马克思主义劳动观和人的发展观的考查[J].南京师大学报(社会科学版),2020(3):16~26.
② 马克思,恩格斯.马克思恩格斯选集(第2卷)[M].北京:人民出版社,1975:177.
③ 徐海娇.危机与重构:劳动教育价值研究[D].东北师范大学,2017:40~42.

人在劳动中不断创造属于人的文化世界过程,人类社会的历史运动过程也就是人类在劳动发展中不断发展自我与不断创造新文化的过程。劳动生产力是人类社会历史进步的根本动力,其自身印证了人的自由创造性,其历史性变革显现了人的自由创造力量不断的整体跃升,推动了人的自由性的普遍发展和人类社会的全面进步。[①]

二、马克思主义劳动价值观

劳动是马克思主义劳动观、劳动价值观的逻辑起点,是马克思主义的理论基石。马克思主义劳动价值观是指在马克思主义辩证唯物主义和历史唯物主义的世界观、方法论指导下,基于其劳动价值论学说而形成的对劳动的本质、目的、意义等方面的根本看法和观点。马克思主义劳动价值观,一方面指的是劳动者坚信通过个人的辛勤劳动,在生产出满足自身需求的物质产品和精神产品的同时,还可以满足他人对物质产品与精神产品需求的一种自我价值评价;另一方面是指社会对于劳动者个人的劳动付出与劳动贡献所给予的一种价值评价,其目的是要引导和鼓励全社会形成一种劳动光荣、劳动伟大的社会风气,进而推动社会的发展和人类的进步。[②]

当马克思将基于唯物辩证法的劳动理论提出之后,劳动才真正被视作个人价值和社会价值的源泉。究其原因,马克思基于现实的物质生产而非观念,认为自人类社会出现的那一刻起就有了劳动,人只有通过劳动才能创造财富,满足自身物质所需。基于政治经济学,劳动的"生产性",即"劳动力"及其创造剩余价值的能力,展示了人的力量及其带来的社会价值。马克思劳动及其教

[①] 程从柱.劳动教育何以促进人的自由全面发展——基于马克思主义劳动观和人的发展观的考查[J].南京师大学报(社会科学版),2020(3):19.
[②] 郑银凤,林伯海.当代中国马克思主义劳动价值观的变迁、弘扬和发展[J].思想理论教育导刊,2016(1):19.

育理论的伟大贡献在于,他认识和发现劳动之于教育以及劳动教育本身的伟大意义,颠覆了数千年来将劳动教育与以理论理性主导的闲暇教育对立起来的历史传统,把代表社会绝大多数劳动者的劳动教育解放出来,认识到劳动教育既是人与自然/物的融合与相互改造,创造伟大的物质文明、社会文明和精神文明,也是人在劳动中充分发挥人的自然属性、社会属性和精神属性,实现人的意义。[①]马克思认为,劳动是人特有的活动,劳动的存在标志着人类社会的一切的存在。这向我们揭示了劳动在人类社会中的地位和作用。首先,劳动把人和动物区分出来,促使人类的产生。在人类从猿进化成人的过程中,劳动起着决定性作用,离开了劳动,就无法区分人类的生存方式和动物的本能性活动。其次,劳动是人类生存的前提和基础。人要生活,就必须通过向自然去寻求社会生产资料,通过劳动把生产资料加工为生活用品,达到维持生存的目的。最后,劳动是人的本质体现。一方面,人可以发挥自己的主观能动性,通过劳动实践改造客观世界来满足自己的物质和精神需求;另一方面,人在劳动的过程中使自身不确定的力量变成一种稳定的品质,实现自身的发展和进步。

三、马克思主义"教劳结合"思想

关于教育与生产劳动相结合的思想,最早可以追溯到空想社会主义。空想社会主义者莫尔、欧文等都曾经有过这样一种教育设想,并且开展了相应的教育实验。马克思超越空想社会主义的一个重要特征就是不将社会变革的希望完全寄托于慈善家基于道德的善良愿望之上,而是将社会生产力、科学技术的发展等看作教育与社会进步最重要的基础。马克思对于教育与生产劳动相结合的论述建立在对当时机器大工业及科学技术发展深入分析的基础上。在马克思的时代,大工业开始不久,因此他所谈的教育与生产劳动相结合的重要

[①]肖绍明,扈中平.新时代劳动教育何以必要和可能[J].教育研究,2019,40(8):44.

形式之一就是生产劳动同智育和体育相结合,工人阶级的子女受到一些有关工艺和各种生产工具的实际操作的教育。[1]

马克思、恩格斯在批判继承空想社会主义有关劳动的论断以及劳动与教育相结合的思想基础上,进一步揭示了劳动的本质,并论述了教育与生产劳动相结合的思想,提出在社会主义社会中,劳动将和教育相结合,从而既使多方面的技术训练也使科学教育的实践基础得到保障。[2]这里谈及的"劳动",是消灭了雇佣劳动的性质,消除了异化、恢复了本来面目的劳动。马克思、恩格斯充分肯定了教育与生产劳动相结合的重要意义和作用。一方面指出教育与生产劳动相结合是社会化大生产的要求,是适应科学技术高速发展以提高劳动生产率的要求;另一方面,教育与生产劳动相结合能够摆脱个人发展的片面性,他们指出:"生产劳动同智育和体育相结合,它不仅是提高社会生产的一种方法,而且是造就全面发展的人的唯一方法。"[3]马克思高度重视劳动教育对推动生产力发展的重要性,他认为教育与劳动是相互结合渗透的,脑力劳动与体力劳动是并重的,只有合理运用二者,才能提升劳动者的劳动效率并推动生产力的发展。可以说,"教育与生产劳动相结合"构成了马克思主义劳动教育的核心内涵,提高人的精神境界成为其劳动教育思想的价值意涵。

马克思发展了前人有关教育与生产劳动相结合的思想,在他看来,"工人阶级在不可避免地夺取政权之后,将使理论的和实践的工艺教育在工人学校中占据应有的位置。"[4]这一论述指明了劳动教育的实现路径,实现了劳动教育认识从形式到实质的转变。马克思、恩格斯关于教育与生产劳动相结合的基本原理,深深植根于特定的社会环境中。马克思、恩格斯从辩证唯物主义出

---

[1] 檀传宝.何谓"教育与生产劳动相结合"——经典论述的时代诠释[J].课程.教材.教法,2020,40(1):4-10.
[2] 马克思恩格斯.马克思恩格斯选集(第3卷)[M].北京:人民出版社,2012:710.
[3] 马克思恩格斯.马克思恩格斯选集(第2卷)[M].北京:人民出版社,2012:230.
[4] 中共中央编译局.马克思恩格斯全集(第44卷)[M].北京:人民出版社,2001:561.

发,在深刻揭示社会、教育内在关系的基础上,把教育与生产劳动相结合作为科学社会主义的一个内容而将其置入科学的轨道,从而成为无产阶级教育的一个根本原则。可以说,在教育与生产劳动相结合的思想从空想变为科学的过程中,马克思做出了相当大的努力,从而为劳动教育理论的形成奠定了基础。马克思看到了劳动和教育相结合的必然性,其动力是现代工业的发展,他在《共产党宣言》中指出,资产阶级在它的不到一百年的阶级统治中所创造的生产力,比过去一切世代创造的全部生产力还要多,还要大。可见,当时的马克思就已经意识到了现代科技的发明和应用所带来的巨大的生产力,这样一来,劳动者对现代生产技术的熟练掌握就显得非常重要了,而劳动者对现代生产技术的熟练掌握,就不得不依靠教育来完成。因此,劳动和教育相结合就成为一种必然趋势。针对教育与生产劳动相结合的可能性,马克思认为,尽管工厂法的教育条款整个说来是不足道的,但还是把初等教育宣布为劳动的强制性条件。这一条款的成就第一次证明了智育和体育同体力劳动相结合的可能性,从而也证明了体力劳动同智育和体育相结合的可能性。马克思认为教育与生产劳动相结合,不仅是提高社会生产的一种方法,而且是造就全面发展的人的唯一方法。劳动教育的根本目标在于造就全面发展的人。在马克思所处的时代背景下,机器大生产的社会环境使劳动分工越来越精细化,人的劳动能力发展受到局限,导致劳动能力的整体性丧失,体力劳动与脑力劳动的鸿沟加深。基于此,马克思强调劳动促进人的全面发展,是从劳动能力的整体性出发,这种劳动能力是体力劳动与脑力劳动的高度结合。

马克思主义经典作家基于对人类社会的唯物主义考查,从现实社会的角度深刻阐释了劳动教育价值的深刻内涵,并为新时代高校开展劳动教育提供了教育依据。深刻理解马克思主义劳动教育理念,不仅有助于全社会深刻认识劳动的价值,而且可以在全社会弘扬劳动光荣的价值取向。为实现人的自由全面发展,新时代高校劳动教育更应注重大学生劳动能力如何在整个劳动教育过程中得到充分而全面的发展。新时代高校劳动教育的特殊性集中体现在它对大学生体力劳动与脑力劳动的结合提出了更高层次的要求。这具体表现为通过在高校广泛开展劳动教育,既实现宏观层面的劳动技术化发展,也实现微观层面上培养符合新时代要求的新型劳动者;既不能将马克思主义的劳动教育视为简单的体力劳动的生产与教育的结合,忽视现代性的科技劳动与服务管理性劳动的时代价值,也不能一味强调复杂的科技劳动的实践价值,而忽视体力劳动存在的必要性。①

---

① 鞠巧新,石超.马克思劳动思想内涵新探——兼论对新时代劳动教育的指导意义[J].劳动教育评论,2020(3):114.

第二节

我国高校劳动教育的演进与发展

在继承中国古代重视生产劳动的思想、借鉴马克思主义劳动价值观的基础上,中国共产党形成了尊重劳动的思想认识和可贵品质,并将这一思想积极引入劳动教育实践中。早在1921年,毛泽东在与何叔衡等人创办湖南自修大学时,便认同"本大学学友为破除文弱之习惯,图脑力与体力之平衡发展,并求知识与劳力两阶级之接近,应注意劳动"的规定[①]。在工农革命时期,中华苏维埃政府始终将教育与生产劳动相结合作为教育的基本方针,以此提高工农文化水平、教育青年一代并锤炼知识分子的革命意志。毛泽东在1934年中华苏维埃第二次代表大会的报告中,更是将教育与生产劳动联系起来的要求提升到文化层面。在革命历史时期,中国共产党通过革命斗争和生产劳动,在凝聚革命力量、培育社会新人方面所取得的巨大成效,成为建国前中国共产党劳动教育的重要历史经验。[②]尤其是中国共产党始终提倡学校教育要与生产劳动相结合,培养学生的劳动能力,让学生在劳动实践中获取知识,成为贯穿劳动教育实践的重要思想。

中华人民共和国成立以来,我国教育事业虽然在不同的历史阶段呈现出不同的发展样态,表现出不同的阶段特征,但都逐步迈入了规范化和科学化的发展轨道。作为中国特色社会主义教育制度的重要内容,高校劳动教育也在宏观教育发展的背景下经历了不同的发展阶段,大致可以将其划分为五个阶

---

① 中央教育科学研究所.中国近代教育大事记[M].北京:教育科学出版社,1990.
② 张正瑞.中国共产党百年劳动教育历史经验与当代遵循[J].黑龙江高教研究,2020,38(12):7.

段,分别是高校劳动教育的雏形与初建时期(1949—1956年)、探索与本土化时期(1957—1976年)、规范与制度化时期(1977—1992年)、转型与整合化时期(1993—2011年)、科学化发展时期(2012年至今)。这五个阶段彼此衔接,共同形塑了高校劳动教育的发展图谱,展现出具有中国特色的高校劳动教育变迁机理和发展特征。也正是在党和国家高度重视和社会各界的深切关怀中,我国高校劳动教育事业得以不断完善和发展。

一、高校劳动教育的雏形与初建时期(1949—1956年)

新中国成立后,国家百废待兴,百业待举。这一时期党和国家的主要任务是尽快恢复和发展国民经济,提高人民生活水平。劳动作为恢复国民经济建设的关键手段,成为广大人民群众投身祖国建设的重要方式。劳动教育便有机地将个人与国家的生产建设紧密结合在一起,通过教育提高劳动技能,支援工农业生产进而推动经济复苏和国家建设。"为工农服务,为生产建设服务"成为这一时期国家教育方针中关于劳动教育的重要定义。这一时期,我国教育整体还处于旧教育整顿和新教育改革阶段,教育的宗旨和目标是使青年一代成为新民主主义社会的自觉公民,劳动教育并未作为独立的科目纳入各级各类学校暂行规程和教学计划中。这一时期不断发展的劳动教育呈现出以下特点。

(一)从政策层面全面确立了劳动与教育结合发展的基本思想

1950年,时任教育部副部长钱俊瑞在《当前教育建设的方针》报告中提出教育"为工农服务,为生产建设服务"的新民主主义教育方针[1]。这一教育方针挖掘和提升了劳动教育的内涵,使教育的开展形式突破了课堂的局限,通过在

---

[1] 何东昌.中华人民共和国重要教育文献(1949-1975)[M].海口:海南出版社,1998.

生产实践环节开展教育,将教育与劳动有机结合,拓宽了教育教学的新方式。1951年,钱俊瑞在第一次全国中等教育会议上再次提出,要以"马恩列斯"有关全面发展的基本精神为指导,实行教育与生产劳动密切结合的工艺教育,着重培养体力与智力均衡发展的热爱劳动生产的新社会的自觉和积极的建设者。[①]1953年,政务院在《关于加强高等学校与中等技术学校学生生产实习工作的决定》中指出,"高等学校和中等技术学校的生产实习是使学生的理论知识密切联系实际并使学用一致的重要方法之一",肯定了实习对培养人才的重要意义。1956年,教育部在《关于试行师范学校规程的命令》中也明确规定,"师范学校学生必须参加教育实习""并应创造条件设教学实习工厂、实验农场或农业园地"。系列政策表明,这一时期劳动教育的突出表现形式是加强教育教学与生产实践的结合,鼓励高校师生积极参与各类生产实践活动,实现在劳动中展开教育的目的。

(二)在批判继承中完善劳动教育内涵

新中国成立之初,我国主要学习苏联的教育理论,开展综合技术教育,后改称为基本生产技术教育。综合技术教育的内涵,是随着科学技术发展和生产部门变迁,以及当时社会经济条件的实际情况而不断变化的。这一时期,我国效仿苏联,关注学生劳动能力和劳动技巧的培养,并开始通过课程来规范劳动教育的内容。综合这一时期出台的各项教育文件可知,劳动教育的内容主要包括手工制作、生产实习、生产知识等。[②]1955年,全国教育会议确定了我国劳动教育以"基本生产技术教育"的形式展开运行,从规范上确定了劳动教育与生产结合的规定,为广大高校师生合理运用劳动教育形式提供了标准化规范。这一规定成为中华人民共和国成立后真正意义上劳动教育探索理论与实践并行的开端。

---

① 何东昌.中华人民共和国重要教育文献(1949-1975)[M].海口:海南出版社,1998.
② 刘向兵,张清宇.中国共产党建党百年以来对劳动教育的探索[J].国家教育行政学院学报,2021(7):28-37.

二、高校劳动教育的探索与本土化时期(1957—1976年)

1957年,劳动教育成为国家重要的教育方针,与德育、智育、体育有机结合,旨在为国家培养具有高度社会主义觉悟和文化水平的社会主义劳动者。这一时期教育与生产劳动相结合的原则成为我国社会主义教育方针的一项重要内容,表明我国劳动教育开始进入本土化的探索时期。但在一段时间内,由于"左"倾错误思想的影响,出现了学生劳动过多、劳动过度等现象,偏离了正常教学秩序,也反映了劳动教育在本土化探索成长中的曲折历程。

(一)以培养有文化的劳动者为目的

1956年底,我国对生产资料的社会主义改造完毕,进而开始进入全面探索社会主义建设时期。为了使教育事业适应大规模社会主义建设对人才的迫切需求,在教育上,也开始了全面探索的新时期。1957年,毛泽东同志在《关于正确处理人民内部矛盾的问题》中提出,我们的教育方针,应该使受教育者在德育、智育、体育几方面都得到发展,成为有社会主义觉悟的有文化的劳动者。[①]新的教育方针,为学校教育的培养目标指明了方向,我们要培养的是全面发展的新人,当时对于"全面发展"意涵的解读就是"既有社会主义觉悟,有文化的",同时也是"劳动者"。高校劳动教育的首要目标就是摒弃旧社会的脱离生产劳动的"只专不红"的资产阶级知识分子,培养有社会主义觉悟的有文化的劳动者。1958年9月19日,《中国共产党中央委员会、国务院关于教育工作的指示》提出,教育为无产阶级的政治服务,教育与生产劳动相结合。[②]把劳动教育提升到国家社会建设层面,劳动教育理念实现了根本变革。此时劳动与教育结合的思想已经从单纯的校内劳动转移到更为开放的社会实践环境中。但

[①] 何东昌.中华人民共和国重要教育文献(1949—1975)[M].海口:海南出版社,1998.
[②] 中共中央、国务院关于教育工作的指示[EB/OL].http://www.china.com.cn/guoqing/2012-09/10/content_26746856.htm,[2017-02-18].

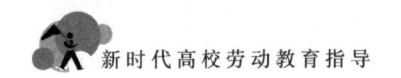

是，值得警醒的是，由于受到"左"的影响，这一时期的生产劳动过多，对学校正常教学秩序产生了影响，造成了高校文化课质量一度严重下降。

（二）探索建立本土化的劳动教育制度

1957年，随着中苏关系出现裂隙，双方开始大论战，中国开始了各个领域的批苏斗争，教育领域由全盘接受苏联的"以俄为师"转向"以俄为鉴戒"，探索适合本土国情的社会主义道路。在教育领域内，为突破全盘移植苏联的正规化教育制度的弊端，使学校向工农子弟开门，扩大受教育的范围，加速教育的普及和发展，我国逐步建立起了本土化的劳动教育制度。特别是，我国的劳动教育开始逐步脱离了凯洛夫教育学中关于劳动教育的辅助性地位的论述。[①]这一时期，学生要积极参加生产劳动，在劳动过程中学习一定的生产知识和技能，扩大知识领域，培养有社会主义觉悟、有文化科学知识、有技术、有实际操作能力的新型劳动者。国家积极组织上山下乡、勤工俭学、半工半读，提倡学生"一边劳动，一边学习"。据统计，到1958年11月止，"20个省、自治区、直辖市不完全统计，21126所中等、高等学校，共办大小工厂、作坊10万个，共办大小农场1万多个，种植面积250万亩"。[②]这一时期，国家在抓学生思想教育的同时亦不放松对学生生产劳动的开展，将其视为培养"又红又专"的社会主义劳动者的唯一方法。在广泛的生产劳动中，我国劳动教育走上了自主探索之路，高校劳动教育也获得了前所未有的关注和空前繁荣的景象。

三、高校劳动教育的规范与制度化时期（1977—1992年）

随着改革开放的号角吹响，时代的新篇章被揭开。劳动教育改革被提到

[①] 伊.阿.凯洛夫主编.教育学[M].北京：人民教育出版社，1957(7)：198.
[②] 教育与生产劳动相结合展览会编印.教育与生产劳动相结合展览会会刊（内部参考）[G].北京，1958：26.

了议事日程。总体而言,这一时期的劳动教育进入了规范的制度化发展时期,在全面展开经济建设的宏观背景下,展现出浓厚的为改革发展和经济建设服务,与国民经济的快速发展相得益彰的特征。本阶段,国家逐步恢复了被破坏的教育秩序,展开了一系列促进劳动与教育结合的工作,恢复了劳动教育的功能和使命。

(一)高度重视劳动教育的价值属性,正确把握劳动与教育结合的内涵

1978年4月,邓小平同志在全国教育工作会议上提出,现代经济和技术的迅速发展,要求教育质量和教育效率要迅速提高,要求我们在教育与生产劳动结合的内容上、方法上不断有新的发展。整个教育事业必须同国民经济发展的要求相适应。[①]这些论断深刻揭示了社会主义劳动教育的实质。此后,他多次指出要在新的社会背景下,研究如何在批判继承的基础上更好地贯彻落实教育与劳动结合的教育方针,如何更好地让教育为经济建设添砖加瓦。1980年,时任教育部部长蒋南翔在全国教育工作会议上对教育与生产劳动相结合进行了新的阐述,"马克思主义的一条根本原理就是理论与实际相结合。由于物质生产活动是人类社会最基本的实践活动,要做到理论与实际结合,就应当使教育同生产劳动结合起来……对这些论述,都不能做狭隘的理解,不能理解为单纯搞体力劳动,不读书。如果这样理解当然是错误的"[②]。这一阐述,是对前期马克思主义劳动与教育结合理论本本化理解的批判性反思,厘清了马克思主义劳动与教育结合理论同我国实际相结合的重要内涵,为教育与劳动结合思想迈向科学化和理性化发展奠定了重要的思想解放基础。

---

①邓小平.邓小平文选(第二卷)[M].北京:人民出版社,1994:107.
②何东昌.中华人民共和国重要教育文献(1949—1997)[M].海口:海南出版社,1998:1780-1781.

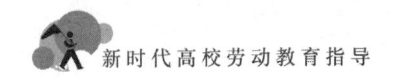

(二)提高脑力劳动的重要地位,恢复教育与劳动相结合的本义

在此之前,人们普遍认为劳动教育只是通过体力劳动锻炼人的身体和意志,并不关注脑力劳动的价值。改革开放后,国家坚持德智体全面发展、又红又专、知识分子与工人农民相结合、脑力劳动与体力劳动相结合等教育方略,脑力劳动在劳动教育中的价值受到重视,劳动教育有了更广泛的内涵与现实价值。邓小平不断修正人们关于将劳动简单视为体力劳动的错误认识,强调"不论脑力劳动,体力劳动,都是劳动。从事脑力劳动的人也是劳动者"[1],这破除了对劳动教育的偏颇认识。随着"以经济建设为中心"的基本路线确立,党的教育方针也做出了相应的调整。尤其是1981年发布的《中国共产党第十一届中央委员会关于建国以来党的若干历史问题的决议》,扭转了前一时期那种轻视教育科学文化和歧视知识分子的完全错误的观念,强调要"坚持德智体全面发展、又红又专、知识分子与工人农民相结合、脑力劳动与体力劳动相结合的教育方针",进一步将脑力劳动摆在更为重要的位置。总体而言,这既是基于那时国家现代化建设对人才的迫切需求,也是国家对劳动教育认识深刻变化的结果。因为教育与经济建设和社会发展不是相互孤立的,教育可以为现代化建设提供充足的智力支撑。

四、高校劳动教育的转型与整合化时期(1993—2011年)

1993年出台的《中国教育改革和发展纲要》明确指出,加强劳动观点和劳动技能的教育,是实现学校培养目标的重要途径和内容。各级各类学校都要把劳动教育列入教学计划,逐步做到制度化、系列化,社会各方面要积极为学校进行劳动教育提供场所和条件。[2]加强劳动观点和劳动技能教育被确立为

---

[1] 中共中央文献研究室.邓小平论教育(第三版)[M].北京:人民教育出版社,2004:26.
[2] 中共中央国务院印发《中国教育改革和发展纲要》[N].人民日报,1993-02-27(002).

建设有中国特色社会主义教育体系的主要原则之一。《中国教育改革和发展纲要》拉开了劳动教育现代化转型的序幕,推动了劳动教育逐渐走向制度化和规范化。这一时期,劳动教育在转型探索中不断深化发展,呈现出以下特征。

(一)教育与生产劳动相结合成为劳动教育重要政策

1995年颁布的《中华人民共和国教育法》将"教育必须为社会主义现代化建设服务,必须与生产劳动相结合,培养德、智、体等方面全面发展的社会主义事业的建设者和接班人"正式载入法律。此时,"教育与生产劳动相结合"成为劳动教育的焦点,劳动教育政策由前一阶段的服务于思想改造转轨为培养四个现代化建设人才。1999年出台的《中共中央、国务院关于深化教育改革全面推进素质教育的决定》强调,要加强体育、美育、劳动技术教育和社会实践,使诸方面教育相互渗透、协调发展,促进学生的全面发展和健康成长,旨在加强劳动技术教育与其他教育交互融合、协调发展,培养出适应新世纪的劳动人才。这为把我国劳动教育政策推向21世纪,开拓劳动教育新局面奠定了重要基础。[①]尤其是在科学技术是第一生产力和社会主义市场经济条件下,高等教育如何适应市场经济发展,全面提升学生适应社会能力,教育与生产劳动相结合关系重大。

(二)单一劳动实践转向综合教育实践发展

这一时期,我国进一步加强了对社会实践活动的指导,要求各高校把社会实践活动列入教育计划,把劳动教育列入教学计划及具体课程设置中,高校劳动教育逐渐从单一劳动实践转向综合教育实践发展。这一特征集中体现在高校劳动课形式的重大转变上,从理念上来看,是"坚持教育与社会实践相结合"的重要表征;从实践上看,国家在高等教育领域内加快整合各类教育资源,逐

[①] 张妍,曲铁华.劳动教育政策70年:演进、嬗变特点与实践路径[J].教育学术月刊,2020(9):42-49.

步探索将劳动教育的多元功能与课堂教学、课程组织有效结合的路径。如将劳动教育正式列入教学计划,提升劳动教育的课程地位和学科地位。通过推行综合实践课程,使劳动教育由单独设课正式转向综合实践活动课程的多元实施方式。综合实践活动课程充分发挥学科性和实践性相结合的优势,引领资源整合和综合素质培养,实现了劳动教育发展的新跨越。但也有学者指出,劳动教育课程的地位在综合实践活动课程中被降低,劳动教育被削弱了思想性,忽视和淡化了人文性、教育性。[1]

(三)强化学生劳动观念和劳动精神培养

教育与生产劳动相结合作为实施素质教育的重要途径被强调,生产劳动与科技活动、其他社会实践相并列,被界定为社会实践的一种方式。但由于20世纪90年代高校招生考试制度没有把劳动教育纳入考试录取范畴,社会主义市场经济发展和财富分配制度的变革也带来了社会分层和劳动关系的复杂性变化,社会上轻视体力劳动的观念日重。[2]于是,1999年颁发的《中共中央国务院关于深化教育改革 全面推进素质教育的决定》强调,"各级各类学校要从实际出发,加强和改进对学生的生产劳动和实践教育,使其接触自然、了解社会,培养热爱劳动的习惯和艰苦奋斗的精神""高等学校要加强社会实践,组织学生参加科学研究、技术开发和推广活动以及社会服务活动。利用假期组织志愿者到城乡支工、支农、支医和支教",增加了"热爱劳动的习惯"和"艰苦奋斗的精神"等内容,强调劳动要与社会实践活动相结合。此后,国家出台的一系列政策文件进一步强调高等学校要发挥积极作用,增强学生热爱劳动、崇尚劳动的观念,进一步弘扬劳动精神。如2010年出台的《国家中长期教育改革和

---

[1] 徐长发.新时代劳动教育再发展的逻辑[J].教育研究,2018,28(11):12-17.
[2] 赵长林.新中国成立70年我国劳动教育思想的演进与劳动课程的变迁[J].国家教育行政学院学报,2019(6):13.

发展规划纲要（2010—2020）》明确提出，要"加强劳动教育,培养学生热爱劳动、热爱劳动人民的情感",将学生劳动观念和劳动精神培养作为劳动教育的重要目标。

五、新时代高校劳动教育科学化发展时期(2012年至今)

2012年,在全面建设小康社会的关键时期和深化改革开放、加快转变经济发展方式的攻坚时期,党的十八大隆重召开,对我们党团结带领全国各族人民继续全面建设小康社会、加快推进社会主义现代化、开创中国特色社会主义事业新局面具有重大而深远的意义。党的十八大以来,我国进入了社会主义现代化发展的新时代,劳动教育也在新时代的全新样态中迎来了新的发展契机。习近平新时代中国特色社会主义思想进一步发展了马克思主义劳动观,开创了新时代中国特色社会主义劳动教育的新境界。在高校综合素质评价稳步推进、立德树人教育体系逐步完善的背景下,国家进一步重视高校劳动教育,并通过一系列法律法规加强了提升高校劳动教育地位的工作,确立了劳动教育在我国教育制度中的重要地位。

（一）新时代劳动教育思想不断焕发生机与活力

2013年,习近平总书记在全国劳动模范代表座谈会上提到:"人民创造历史,劳动开创未来。劳动是推动人类社会进步的根本力量。幸福不会从天而降,梦想不会自动成真。实现我们的奋斗目标,开创我们的美好未来,必须紧紧依靠人民、始终为了人民,必须依靠辛勤劳动、诚实劳动、创造性劳动。"[1] 2016年,习近平总书记在知识分子、劳动模范、青年代表座谈会上的讲话中指出,"人类是劳动创造的,社会是劳动创造的。劳动没有高低贵贱之分,任何一

---

[1] 习近平. 在同全国劳动模范代表座谈时的讲话[N].人民日报,2013-04-29(2).

份职业都很光荣。广大劳动群众要立足本职岗位诚实劳动。"[1]2018年,习近平总书记在全国教育大会上提到:"要在学生中弘扬劳动精神,教育引导学生崇尚劳动、尊重劳动,懂得劳动最光荣、劳动最崇高、劳动最伟大、劳动最美丽的道理,长大后能够辛勤劳动、诚实劳动、创造性劳动。"[2]同时,习近平总书记为加强青年学生劳动教育提出了新要求,指出要"培养德智体美劳全面发展的社会主义建设者和接班人",从教育方针的高度突出强调劳动教育的重要地位,我国劳动教育进入了新的历史发展时期。2019年5月,习近平总书记在纪念"五四运动"100周年大会的重要讲话中,再次强调把劳动教育纳入社会主义建设者和接班人的培养序列。2020年,习近平出席全国劳动模范和先进工作者表彰大会时再次强调,要大力弘扬劳模精神、劳动精神、工匠精神[3]。习近平总书记从国家战略方针的高度对劳动教育育人铸魂的重要作用给予肯定,是新时代党和国家优先发展教育的理性自觉,也是劳动教育自身价值新的诠释,使劳动教育在新时代不断焕发生机与活力。

(二)新时代劳动教育在政策规划和落实中不断完善

2014年6月,教育部党组发布的《关于学习贯彻习近平总书记六一重要讲话精神的通知》指出,为"充分发挥社会实践在培育和践行社会主义核心价值观中的养成作用,将社会主义核心价值观细化为贴近学生的具体行动",应组织学生参加生产、创造、创新等实践教学活动,并规定相应的学时和学分。2015年7月,教育部等各部委相继发表有关劳动教育的重要意见,指出劳动教育在贯彻党的教育方针要求、实施素质教育和培育践行社会主义核心价值观

---

[1] 习近平.在知识分子、劳动模范、青年代表座谈会上的讲话[N].人民日报,2016-4-30.
[2] 张烁.习近平在全国教育大会上强调坚持中国特色社会主义教育发展道路 培养德智体美劳全面发展的社会主义建设者和接班人[J].北京青年工作研究,2018(9):17~19.
[3] 习近平出席全国劳动模范和先进工作者表彰大会并发表重要讲话[EB/OL]. http://www.gov.cn/xinwen/2020-11/24/content_5563856.htm

方面具有难以估量的重要作用。同年修订的《中华人民共和国高等教育法》新增了"为人民服务"与"社会实践"相结合等内容。这一修订立足时代发展,体现了劳动教育在我国高等教育改革发展中的重要地位,彰显了劳动教育目标在高等教育中的价值取向。[①]2020年3月,中共中央、国务院颁发《关于全面加强新时代大中小学劳动教育的意见》,要求建构新时代中国特色社会主义劳动教育体系,把劳动教育纳入人才培养全过程,贯通大中小学各学段,贯穿家庭、学校、社会各方面。具体而言,就是根据教育目标,针对不同学段、类型学生特点,以日常生活劳动、生产劳动和服务性劳动为主要内容开展劳动教育。结合产业新业态、劳动新形态,注重选择新型服务性劳动的内容。[②]至此,劳动教育作为新时代中国特色社会主义教育制度重要内容的地位得以最终确立。总体而言,这些重要文件和论述,丰富和发展了党的教育方针,具有重大的时代价值,同时也为高校加强劳动教育提出了新任务和新要求。

(三)新时代高校劳动教育为大学生终身发展奠定了坚实基础

进入新时代以来,我国高等教育始终坚持以全面发展、以人为本的战略思想促进学生的全面发展。为了使广大学生获得积极的劳动体验、养成良好的劳动习惯并形成热爱劳动的观念,国家先后建立了多种类型的社会实践基地,许多高校也建立了形式多样的劳动教育实践基地和相关配套措施,旨在通过一定劳动知识和技能的传授,使广大学生形成健全的人格和良好的思想道德品质。实现大学生终身发展的可持续目标,既需要在大学生学习生涯的全过程融入劳动教育,也需要在大学生招生考试及劳动教育实践中不断落实综合素质考核评价。通过在高校大力推进劳动教育实践,大力弘扬劳动精神,积极

[①]徐茂华,周梨洪.新中国成立以来我国加强青年学生劳动教育的历程及其路径[J].重庆理工大学学报(社会科学),2019(9):111.
[②]中共中央,国务院.关于全面加强新时代大中小学劳动教育的意见[Z].2020-03-20.

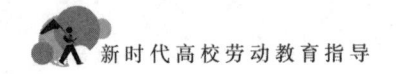

引导学生崇尚和尊重劳动,使学生在成人成才过程中做到辛勤劳动、诚实劳动和创造性劳动,有助于充分彰显劳动教育对作为人的自身价值的体察和关怀。与此同时,国家也给予了必要的意见指导,如2014年国务院印发的《关于深化考试招生制度改革的实施意见》,明确指出要建立包括学生思想品德、学业水平、社会实践等内容的综合素质档案。其中,劳动教育便作为一项重要的社会实践内容被纳入学生综合素质评价环节。可以说,将劳动教育作为综合素质评价的重要参考,可以为学生的全面发展奠定坚实的基础,助力实现大学生迈向成人成才的终身发展之路。

第三节

新时代高校劳动教育的功能与性质

一、新时代高校劳动教育的功能

在马克思主义者看来,劳动教育的本质目标是通过适当的教育途径培育具有健康劳动价值观、追求社会正义、实现体力脑力结合,以及养成具有自由个性的全面发展的人。[1]新时代教育背景下,离开劳动教育就无法实现高等教育的基本功能,任何劳动教育都带有各个教育阶段的特征。高等教育不等同于劳动教育,也就是说,高等教育既要进行劳动教育,也要进行理论知识与实践技能的学习。从现阶段高等教育的实际来看,开展劳动教育具有如下基本功能。

(一)提升大学生政治素养

在新时代背景下,随着生活质量不断提升,人们所具有的吃苦耐劳、艰苦奋斗以及坚持不懈的良好品质不应发生改变。对于高校大学生而言,他们是社会政治主体的重要组成部分,大学生政治素养在整个教育体系中处于核心地位。切实提高大学生的政治素养,增强大学生使命担当,既是高校劳动教育的重要内容,也是培养社会主义建设者与接班人的重要环节。因此,要培养大学生自身的政治能力,让大学生充分正确认识到中国特色社会主义制度的优势,并深刻把握我国劳动人民当家作主的现实意义,从而实现在劳动中增加人

---

[1] 檀传宝.劳动教育的本质在于培养劳动价值观[J].人民教育,2017(9):45-48.

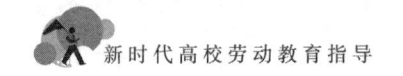

民的情感。

首先,增强大学生的马克思主义理论水平。马克思主义的立场、观点与方法是高校马克思主义理论教育的重要内容。马克思在《资本论》中强调,生产劳动同智育和体育相结合,它不仅是提高社会生产的一种方法,还是造就人全面发展的唯一方法。[1]此外,教育与劳动两者都结合是促进生产力发展、保障人类社会生存以及推动社会进步的前提条件,是马克思主义唯物史观的基本内容之一。故通过劳动教育可以帮助高校大学生深入理解与认识马克思主义理论,运用马克思主义理论武器正确理解人类发展的客观规律,促进大学生不断地增长才能。

其次,促进大学生明辨人类文明的前行方向。在当代现实生活中,不少大学生对人类文明及其走向的认知容易受到干扰,甚至理解错误。因此,阐释劳动在人类文明产生和发展史上的重要作用以及二者内在演进的辩证规律,理解马克思主义唯物史观与唯心史观的历史分野尤为重要。通过劳动教育,可以对上述问题起到正本清源的作用,同时对增强大学生的马克思主义理论水平有重要的意义和价值。[2]

最后,深化大学生对社会主义核心价值观的认识。吃苦耐劳、艰苦奋斗等精神既是中华民族自古以来发展的重要根基,更是社会主义核心价值观的重要组成部分。因此,培养与增强高校大学生对社会主义核心价值观的认同,必须加强劳动教育价值观和实践养成。正如习近平总书记强调:"要身体力行向全社会传播劳动精神和劳动观念,让勤奋做事、勤勉为人、勤劳致富在全社会蔚然成风。"[3]要让高校大学生清晰地认识到把我国建设成社会主义现代化强

---

[1] 俞明仁.资本论讲解第1卷[M].杭州:浙江人民出版社,1981:234.
[2] 辛婷,周凤生.劳动教育在高校人才培养中的意义与功能探析[J].西南科技大学学报(哲学社会科学版),2021,38(1):85-89.
[3] 习近平.在知识分子、劳动模范、青年代表座谈会上的讲话[N].人民日报,2014-4-30.

国离不开劳动。引导大学生深入劳动的具体情景之中,深化对社会主义核心价值观以及劳动价值观的认识与理解,培育大学生的劳动品质与劳动精神。建设劳动教育观与社会主义核心价值观相融合的良好氛围,从而树立大学生正确的政治素养。如通过组织大学生参与课程内容的实践活动与生活劳动,使学生在劳动实践过程中体验理论与实践的相结合,潜移默化地将"富强、民主、文明、和谐、自由、平等、公正、法治、爱国、敬业、诚信、友善"等社会主义核心价值观融入其中。

(二)培养大学生道德品质

新时代背景下,高校劳动教育的道德品质能对大学生进行价值观点的引导、思想的熏陶以及行为习惯的训练等。高校作为高素质劳动者最重要的培养平台,其培养目标必须符合于"社会主义劳动者"这一要求。随着中国特色社会主义迈入新的历史阶段,高校大学生既要崇尚劳动、热爱劳动、尊重劳动,更要树立正确的劳动价值观,形成良好的劳动习惯,培养高尚的劳动情操与劳动情怀等。但是,这些品质与能力并非与生俱来,唯有通过劳动教育,让大学生亲身践行,才有可能使大学生真正认识到劳动创造世界的真理。正如马克思所言:人能够通过实践创造对象世界,改造无机界,人证明自己是有意识的类存在物。[1]这深刻揭示了劳动可以赋予道德品质的规律。习近平总书记强调:"要在学生中弘扬劳动精神,教育引导学生崇尚劳动、尊重劳动、懂得劳动最光荣、劳动最崇高、劳动最伟大、劳动最美丽的道理,长大后能够辛勤劳动、诚实劳动、创造性劳动。"这为新时代高校劳动教育的顺利实施与提升大学生道德品质指明了方向。

首先,劳动凝练大学生责任感。责任是大学生对自身的行为与选择等所

---

[1] 马克思.恩格斯·马克思恩格斯全集(第3卷)[M].北京:人民出版社,2002:273.

承担的工作职责,而责任感则是高校大学生对互动交往、学习工作以及社会生活等所具备的行为品德,其基本形成是由外在的社会规范内化为个体的自我规定与自我认同的过程,从而使责任感得以确立。高校劳动教育能够有效帮助学生获得自我意识与他者意识,从而真切地感受到劳动实践过程中的责任感。据此,高校德育借助劳动教育帮助大学生学会区别他者与自我的角色差异,学会如何承担责任,如何在生活中保持良好的社会责任感。[1]

其次,劳动磨炼大学生意志力。幸福都是奋斗出来的。人民对美好生活的向往必须通过奋斗得以实现,为实现中华民族伟大复兴的"中国梦",我们必须弘扬艰苦奋斗的拼搏精神与劳动意志力。然而,随着我国经济社会的快速发展,高校部分大学生逐渐呈现功利主义倾向,产生了不劳而获、安逸享受思想,这就导致了部分大学生对"勤劳致富"的认同感较低。因此,在新时代教育背景下,高校要培养大学生艰苦奋斗的劳动精神,强化大学生艰苦奋斗的政治本色、锻炼大学生拼搏努力的意志品质等,从而确保新时代高校大学生具有良好的道德状态与积极向上的精神风貌。

最后,劳动培养大学生协作精神。实践证明,劳动过程中所形成的精神品质是学生成长成才的关键因素。劳动促使人在生产和生活中不断克服困难,经历心智考验,劳动使人懂得生产和生活中的互助、团结和协作是社会关系的纽带,更是社会关系的规则。通过劳动教育可以促进大学生能力的全面发展,通过集体的生产劳动更能培养和激发出大学生的集体主义精神、内在纪律和组织能力等多种精神品质,而这些精神品质将会形成一种定力,无论将来面对怎样的变化,他们的理想和信念不会轻易蜕变。[2]

---

[1] 唐爱民,王浩.劳动教育与学校德育的融通:意蕴与路径[J].广西师范大学学报(哲学社会科学版),2021,57(2):91-101.

[2] 辛婷,周凤生.劳动教育在高校人才培养中的意义与功能探析[J].西南科技大学学报(哲学社会科学版),2021,38(1):85-89.

(三)提高大学生创新能力

正如苏霍姆林斯基所言:劳动教育人们成为真正有思想的人,赋予个人和集体丰富的精神生活,给予他们思维的欢乐。不能认为劳动教育同思想和教学无关。劳动能使人聪明,使人具有创造精神,使人变得高尚。[①]《中国制造2025》提出,要坚持创新驱动发展战略,将科技与经济发展相结合,全面培养高素质复合型技术技能型人才。高校大学生作为我国现代化建设的主力军,应具备时代所需要的创新能力与创新素养,这也是劳动精神的核心要义。

首先,激发高校大学生的创新潜能。我国大学生多数比较勤奋,但在以分数高低论成败的背景下,他们埋头苦读,缺少劳动。高校要改变这一现状,加强对大学生的劳动教育,为他们搭建更多的实践平台,为他们提供锻炼的机会。教师要指导大学生参加劳动,让他们大胆尝试,手脑并用。教育者不能面面俱到,要让大学生在劳动的过程中验证所学的理论,鼓励他们探索未知领域,激发他们的创造潜能。

其次,增加大学生创新的知识储备。继承是创新的首要前提,创新是继承的必然要求。劳动教育就是生产劳动与教育的结合,一方面,高校教师传授大学生劳动理论知识、劳动技能应用以及劳动文化常识等,拓宽大学生所学的广度,培养劳动教育实践过程中提出问题、发现问题、分析问题以及解决问题的能力,促进大学生创新能力的发展,进而为大学生未来的创新打下坚实的文化根基。另一方面,高校教师通过组织大学生参与劳动,将理论与实践相结合,归纳总结劳动知识,积累实践经验,进而夯实劳动创新的实践基础。

最后,培养大学生独立思考的能力。判定高校大学生是否有创新能力的关键在于学生是否有独立思考的意识和品质。如何将培养高校大学生独立思考的能力落实在教育环节,便需要教师引导大学生参加劳动,在过程中循循善

[①]蔡汀等.苏霍姆林斯基选集(第一卷)[M].北京:教育科学出版社,2001:625.

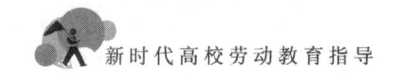

诱、教育启发,而不是教师代思、代劳、代做。特别是在劳动教育过程中遇到问题,应鼓励学生自己思考、自己动手、自己解决。这样既增强了大学生独立思考的意识,也提高了他们的创新能力。[1]

(四)促进大学生德智体美全面发展

高校劳动教育实践活动是一项有计划、有组织、有目的的培养大学生综合素养的实践活动,劳动教育与美育、体育、智育以及德育互融互通,立足于马克思主义劳动教育观,有效将教育与生产劳动相结合,通过教育实现学生的全面发展。新时代教育背景下,习近平总书记在关于"培养什么样的人"的论述中指出,将过去"德智体美"提升到"德智体美劳"五育格局的教育目标,突出了大学生培养目标中对"劳"的重要性。可见,把劳动教育纳入教育方针是新时代发展的必然趋势,既符合大学生的成长成才发展规律,也顺应社会发展对人才素质的内在要求。在劳动实践过程中,大学生会深刻理解劳动的教育价值与意义,形成良好的劳动习惯与劳动情感,将自身所学习的理论知识与技能有效地运用到实践之中,通过实践将进一步检验所学知识,不断内化努力奋斗的道德品质,有效增强身体素质并提升审美能力和审美情操。

首先,以劳树德。劳动作为沟通主客体世界的媒介之一,有助于促进高校大学生道德素养的形成。《关于全面加强新时代大中小学劳动教育的意见》指出,要通过劳动让学生深入理解马克思主义劳动观,树立劳动最光荣、劳动最崇高、劳动最伟大以及劳动最美丽的观念;体会劳动创造美好生活,培养勤俭、奋斗与创新等精神。为此,培养高校大学生良好的道德品质,帮助大学生形成正确的人生观、价值观与世界观。

其次,以劳增智。劳动能够让大学生清晰地认识到劳动对象、认识客观世

---

[1]张淼.新时代大学生劳动教育存在的问题及对策研究[D].华中师范大学,2020:23-24.

界等。在劳动实践过程中,高校大学生可以利用劳动理论与劳动技能加深所学的专业知识,真正使所学知识转为隐性知识,激发自身学习的创造力与创新力,从而提升知识水平与能力素养。

再次,以劳强体。在加强劳动教育过程中,鼓励高校大学生积极参加日常生活劳动、生产劳动与服务性劳动,这不仅可以磨炼高校大学生的奋斗精神、意志品质,使身体得到锻炼,而且帮助大学生树立良好的劳动习惯与劳动行为。

最后,以劳育美。美育是审美教育,也是情操教育和心灵教育,不仅能提升人的审美素养,还能潜移默化地影响人的情感、趣味、气质、胸襟,激励人的精神,温润人的心灵。美育与劳动教育相辅相成、相互促进,新时代的劳动教育最终也必然落实到对学生审美人格的培养上。新时代的劳动教育倡导一种基于劳动基础之上的现代审美人格的培育,让学生在劳动中发现美、欣赏美和创造美,在自我价值感的获得中达成一种美的人生境界。[①]

二、新时代高校劳动教育的性质

2020年7月,教育部印发的《大中小学劳动教育指导纲要(试行)》指出,劳动是创造物质财富和精神财富的过程,是人类特有的基本社会实践活动。劳动教育是发挥劳动教育的育人功能,对学生进行热爱劳动、热爱劳动人民的教育活动。当前实施劳动教育的重点是在系统的文化知识学习之外,有目的、有计划地组织学生参加日常生活劳动、生产劳动和服务性劳动,让学生动手实践、出力流汗、接受锻炼、磨练意志,培养学生正确的劳动价值观和良好的劳动品质。劳动教育是新时代党对教育的新要求,是中国特色社会主义教育制度的重要内容,是全面发展教育体系的重要组成部分,是大中小学必须开展的教

[①]田慧生.全方位育人:开启劳动教育新时代[J].中小学管理,2020(4):5-8.

育活动。总体而言,高校劳动教育应有鲜明的思想性、突出的社会性和显著的实践性。新时代高校劳动教育必须将马克思主义劳动观贯彻始终,强调劳动是一切财富、价值的源泉,劳动者是国家的主人,一切劳动和劳动者都应该得到鼓励和尊重;提倡通过诚实劳动创造美好生活、实现人生理想,反对一切不劳而获、崇尚暴富、贪图享乐的错误思想。同时,必须加强学校教育与社会生活、生产实践的直接联系,发挥劳动在个人与社会之间的纽带作用,引导学生认识社会,增强社会责任感。注重让学生学会分工合作,体会社会主义社会平等、和谐的新型劳动关系。高校必须面向真实的生活世界和职业世界,引导学生以动手实践为主要方式,在认识世界的基础上,获得有积极意义的价值体验,学会建设世界、塑造世界、塑造自己,实现树德、增智、强体、育美的目的。具体而言,新时代高校劳动教育的性质表现如下。

(一)育人性

劳动教育通过实践活动体现育人性,但异化的劳动不具备育人功能。要真正实现劳动教育的育人性,必须坚持"以生为本",充分发挥高校大学生劳动教育的主体意识,真正实现由利己向利他转化、劳动教育理论与实践的有机统一。第一,在开展劳动教育过程中最大限度地发挥大学生主观能动性,让其养成尊重劳动、崇尚劳动、热爱劳动的习惯,让其在劳动中体验乐趣、在劳动中收获成长、在劳动中实现个人价值与社会价值的有机统一。第二,劳动教育育人的可持续依靠人性化的制度、规范和准则。因此,要充分考虑当代大学生心理特征及其现实需求,根据其身心特点以及当代现实社会需要,制订行之有效的劳动教育育人方案和制度准则,切实将劳动育人制度化、系统化、规范化。[1]

---

[1]李秋云.新时代加强大学生劳动教育的逻辑理路及三维路径[J].常州信息职业技术学院学报,2021,20(3):62.

(二)综合性

劳动教育的综合性主要体现在脑力劳动与体力劳动的结合。人的脑力劳动是以体力劳动为基础的,没有体力劳动的支撑,脑力劳动便会失去存在的意义;反之,脑力劳动的持久性与思辨性也对体力劳动的长期性与持续性提出了要求。具体而言,劳动教育主体同一般劳动教育形式一样,都是以体力劳动与脑力劳动相结合为主,主体向客体实施劳动教育过程中,更多体现的是思维与思维、思维与精神等之间的交流与对话,集中体现在以脑力为主、体力为辅的综合性劳动。

(三)奉献性

劳动教育实践过程包含了高校教育环境的多变性、学生思想状况不稳定性等因素,这就决定了劳动教育不是一个简单的付出式劳动,而是一种追加劳动。劳动教育的成效在某种程度上往往不能短时间被预见,它需要长期性、持续性地付出劳动,但又不能简单地以劳动付出时间的长短来衡量劳动价值,这就造成了劳动主体的收获与付出不成正比例的现象,这就需要劳动教育主体发挥奉献精神以实现劳动教育的目的。具体而言,一是劳动教育活动的榜样示范必不可少。在劳动教育过程中,注重言传身教,以身作则的作用,树立良好的劳动榜样,这样才能使劳动教育的内容更具有说服力,才能使得教育活动取得良好的效能。二是劳动教育工作本身要具有奉献精神。随着我国经济社会的不断发展,劳动教育的外部环境不断变化,劳动教育对象的素质也随之提高,这就对劳动教育的主体提出了较高的要求。

(四)生产性

马克思指出,从单纯的一般劳动过程的观点出发,实现在产品中的劳动,更确切些说,实现在商品中的劳动,对我们表现为生产劳动。但从资本主义生

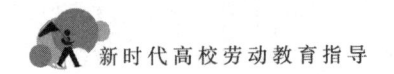

产过程的观点出发,则要加上更贴近的规定:生产劳动是直接增殖资本的劳动或直接生产剩余价值的劳动。[①]劳动教育本身所具有的生产性,主要包含高校劳动教育主体生产精神产品与生产物质产品两类。具体而言,一是在劳动教育过程中,通过不断研究会生成社会发展所需要的劳动价值观、劳动道德品质等一系列理论成果,这些成果就是高校劳动教育主体所产生的精神产品。二是高校劳动教育的对象是学生,高校运用党的指导思想教育引导高校大学生,将大学生培养成为有理想、有道德、有文化的时代新人。高校教师通过自身的劳动将自身所具有的劳动观念、劳动素质、劳动精神、劳动理论与技能等传授给大学生,并引导他们转化为自身所有的劳动品质。可以说,高校教师通过劳动教育为社会主义现代化建设培养劳动力,这也是劳动教育主体所产生的间接物质产品。

[①]岳宏志,寇雅玲.马克思经济理论新论[M].北京:中国经济出版社,2008.

第二章 新时代高校劳动教育的内容体系

劳动是中华民族的传统美德。劳动教育实施是高校劳动教育的重要组成部分,高校如何实现立德树人的培养目标,合理建构高校劳动教育的内容体系,成为新时代高校劳动教育实施的主要内容,将直接决定着大学生的劳动精神面貌、劳动价值取向和劳动技能水平。新中国成立以来,我国对劳动教育积累了宝贵的经验,同时也出现过执行偏颇的教训。进入新时代以来,全面加强高校大学生的劳动教育,既不是新中国成立初期对劳动教育简单的回归,也不是放弃课程去从事传统的劳动教育活动,而是从新时代劳动知识学习、技能培养和价值养成三维目标的角度,建构包括劳动观念、劳动知识、劳动实践、劳动技能以及创造性劳动等维度构成的内容体系,全面提升高校大学生劳动素养。

第一节

劳动观念

劳动观念的养成是新时代高校劳动教育内容体系的第一个维度,也是所有劳动教育内容中最核心的要求。我国教育发展进入了新的历史时期,作为新时代的大学生,要树立和形成正确的劳动观念,对培养社会主义建设者和接班人具有重要意义。2013年4月,习近平总书记在同全国劳动模范代表座谈时的讲话中强调:"劳动是推动人类社会进步的根本力量。"[1]2020年3月,中共中央、国务院发布的《关于全面加强新时代大中小学劳动教育的意见》指出:"通过劳动教育,使学生能够理解和形成马克思主义劳动观,牢固树立劳动最光荣、劳动最崇高、劳动最伟大、劳动最美丽的观念"。[2]劳动作为每位公民所拥有的光荣义务与权利,要克服错误的思想倾向,明确"劳动是人类的本质活动",并自觉地接受劳动锻炼与劳动教育,在劳动实践中不断追求幸福感,并始终坚信劳动会养成一个人良好的道德素质。因此,劳动观念养成是新时代高校劳动教育的核心内容,要将树立正确的劳动意识,养成良好的劳动习惯,形成尊重劳动、崇尚劳动与热爱劳动的劳动态度,以及培育大学生"四最"导向的劳动价值观作为劳动教育内容体系中的首要内容,以实现全面提升学生的劳动素养。

---

[1]习近平.在同全国劳动模范代表座谈时的讲话[N].人民日报,2013-4-29.
[2]中共中央国务院关于全面加强新时代大中小学劳动教育的意见[N].人民日报,2020-3-27.

一、正确的劳动意识与良好的劳动品德

树立大学生正确的劳动意识、养成良好的劳动品德是全面提升新时代大学生劳动素养的内在要求,是新时代高校劳动教育实施的首要内容。劳动意识与劳动品德两者之间呈现相辅相成、相互促进的样态关系,唯有具备良好的劳动意识,才能养成良好的劳动品德。培养大学生的劳动意识是对劳动的思想认识,并直接决定着劳动者的情感态度、价值判断以及行为选择,使其在该意识支配下形成热爱创造、热爱劳动等心理活动。劳动习惯则是个体在长期劳动实践过程中所养成的尊重劳动、热爱劳动的行为方式。2015年,在庆祝"五一"国际劳动节暨表彰全国劳动模范和先进工作者大会上,习近平总书记强调:"中华民族是勤于劳动、善于创造的民族。正是因为劳动创造,我们拥有了历史的辉煌;也正是因为劳动创造,我们拥有了今天的成就。"[1]劳动是人类有目的、有意识的活动。马克思指出,"最蹩脚的建筑师"一开始就比"最灵巧的蜜蜂"更高明,因为他不仅使自然物发生形式变化,同时他还在自然物中实现自己的目的,这个目的是他所知道的,是作为规律决定着他的活动的方式和方法的,他必须使他的意志服从这个目的。[2]可见,正是在这种意识的支配下,人的劳动既能获取某种劳动财富与劳动报酬,满足于人的精神与物质需求,而且也能够使人身心愉悦,促进人的身体健康发展,以此来满足自身的需求,故劳动意识逐渐被强化。现阶段,大学生对自身内心的认识往往存在模糊性,对真实世界的认识也是表象的,而揭开问题的钥匙之一就是劳动,每位大学生只有通过劳动教育才能逐渐建立正确的世界观、人生观以及价值观,这对于塑造大学生的劳动观念、培养大学生的劳动意识与劳动品德具有重要意义。

---

[1]习近平.习近平在庆祝"五一"国际劳动节暨表彰全国劳动模范和先进工作者大会上的讲话[N].人民日报,2015-04-29.
[2]吴长锦.思想政治教育协同创新研究[M].中央编译出版社,2019:118.

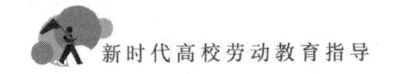

(一)劳动意识方面

观念是行为的先导,大学生的劳动意识并非与生俱来,良好的劳动意识是通过学习获得的,而非自发生成的。一方面,让大学生明白"劳动是财富的源泉,也是幸福的源泉"的道理,在劳动创造中"把自己的理想同祖国的前途、把自己的人生同民族的命运紧密联系在一起,扎根人民,奉献国家"[①];鄙视"不劳而获""少劳多获"的投机思想,正确认识新时代劳动的复杂性与多样性,由衷认同"劳动没有高低贵贱之分,任何一份职业都很光荣"的道理。[②]另一方面,需要借助一定的教育手段和教育方式,将劳动教育与思想政治教育、家庭教育相融合,大力宣传大国工匠、劳动楷模等先进人物案例与事迹,激发大学生创新劳动、主动劳动、勤劳勇敢、自强不息等劳动情感,在精神层面对大学生产生升华与引领作用,从而使大学生真正明确劳动是实现人类全面而自由发展所必需的实践活动,更是促进社会进步与发展的根本途径。

(二)在劳动品德方面

良好的劳动品德不仅是一个人劳动精神的外在体现,更是成为一个幸福劳动者所需要的,通过劳动和创造播种希望、收获果实,磨练意志以及提升能力。大学生高尚的心灵是在劳动中培养起来的,要使大学生多参加劳动。因此,高校要通过实施系统化与科学化的劳动教育,着力矫正学生中存在的眼高手低、轻视劳动、逃避劳动的现象,矫正"凡事皆可代、万物皆可买"的"消费主义"思维,从打扫寝室卫生、清洁实训现场等点滴小事做起,从自我生活劳动做起,有目的、有计划地在系统的文化知识学习之外组织学生参加日常生活劳动、生产劳动和服务性劳动,引导学生在积极参与劳动实践中锤炼意志品质、

---

① 习近平.在北京大学师生座谈会上的讲话[N].人民日报,2018-5-3.
② 习近平.在知识分子、劳动模范、青年代表座谈会上的讲话[N].人民日报,2016-4-30.

增长本领才干,从而养成良好的劳动品德。[1]

二、尊重劳动、崇尚劳动与热爱劳动的劳动态度

培养大学生积极的劳动态度既是大学生认识与实践辛勤劳动、创造性劳动行为的前提与基础,也是新时代高校劳动教育的重要内容。大学生的劳动态度是指大学生从事劳动的动机以及在劳动中的行为价值,即大学生对劳动的认识和以此为指导所采取的行动。在新的历史时期,培养大学生积极的劳动态度就是要消除大学生对劳动的偏见与怠慢的态度,形成劳动最光荣、劳动最伟大的价值观念与尊重劳动人民、珍惜劳动成果的积极态度,进而尊重劳动、崇尚劳动与热爱劳动。

(一)在尊重劳动方面

从历史发展脉络上看,尊重劳动是被不断强化的。从古代的"勤劳并行、轻劳动重民本",到近代"劳工神圣",再到现代"劳动最光荣"的理念倡导,时刻彰显着我国尊重劳动的生成逻辑与实践样态。换句话说,无论是中华优秀传统文化,还是中华民族精神历来都是以尊重劳动为根基的。正是在尊重劳动的价值取向下,才能有力地推动中国特色社会主义进入新时代,才能实现中华民族伟大复兴的"中国梦"。在新时代背景下,大学生劳动幸福感的获得离不开对劳动的尊重,当大学生诚实劳动得以被尊重时,就会从劳动中感受自我存在的意义与价值。诚如李大钊所言:"我觉得人生求乐的方法,最好莫过于尊重劳动。一切乐境,都可由劳动得来,一切苦境,都可由劳动解脱。"[2]高校学生作为劳动的主体,我们在尊重劳动的基础上,更要尊重劳动者本身。正如习近

---

[1] 孟庆东.论新时代高职院校劳动教育体系构建[J].教育与职业,2020(10):105.
[2] 李大钊.李大钊选集[M].北京:人民出版社,1959:60.

平总书记所说:"在我们社会主义国家,一切劳动,无论体力劳动还是脑力劳动,都值得尊重和鼓励;一切创造,无论是个人创造还是集体创造,也都值得尊重和鼓励。"①具体而言,一是引导大学生诚实劳动。要求大学生在劳动过程中按照高校的规章办事、诚实守法,以职业道德、劳动美德等严格要求自我,帮助大学生摒弃弄虚作假、好逸恶劳、追求眼前利益以及投机取巧的观念。无论时代如何变迁,高校必须让大学生充分认识到唯有依靠自身的诚实劳动才能获取幸福,并走向成功。二是引导大学生敬畏劳动。诚如阿尔贝特·施韦泽所言:只有当人认为一切生命都是神圣的,包括人的生命和一切生物的生命都是神圣的时候,他才是伦理的。②因此,当人将劳动视为自身的本质的时候,敬畏劳动实际上就意味着敬畏生命。故高校在遵循敬畏劳动者生命态度的同时,要大力弘扬艰苦奋斗、勤俭节约等优良传统,消除大学生"尊富弃贫"的思想,时刻教育大学生对他人的劳动成果必须怀有敬畏之心,对劳动者和劳动成果给予充分的爱惜与尊重。

(二)在崇尚劳动方面

崇尚劳动是对劳动的一种认识,即认为劳动分工无贵贱,劳动价值有大小,美好的生活是通过劳动得来的。世界上没有一种真正具有价值的东西,是可以不经过艰苦辛勤的劳动而得到的。崇尚劳动体现了一个时代、一个社会的劳动文化和文化水准,蕴含着对劳动的崇高性的高度认同和自我内化。③从宏观层面来看,在科学信息技术高度发达的今天,我们必须清醒地认识到,劳动仍然是创造价值的根本来源。无论是生产劳动还是劳动外延的不断深化,

---

①习近平.在庆祝"五一"国际劳动节暨表彰全国劳动模范和先进工作者大会上的讲话[N].人民日报,2015-04-29.
②陈泽环.敬畏生命 阿尔贝特·施韦泽的哲学和伦理思想研究[M].上海:上海人民出版社,2017:10.
③曾天山,顾建军.劳动教育论[M].北京:教育科学出版社,2020:152-153.

均呈现出崇尚劳动的价值源泉。党的十九大明确提出要营造劳动最光荣的社会风尚,社会主义核心价值观所提倡的敬业,就是对劳动的热爱与崇尚。可见,一个国家或一个民族无论站在何种历史方位,崇尚劳动始终是永恒的主题,也是推动国家发展、社会进步与家庭幸福的关键所在。进一步说,崇尚劳动应该成为每个公民坚定的信仰,唯有通过劳动,国家才能兴旺,人民才能创造幸福而美好的生活。反之,如果不鼓励青年人从基层做起,而是任由他们一味地追求工作的"光鲜亮丽",忽视成功背后的汗水,就难以美梦成真。从微观层面来看,崇尚劳动就是要求大学生必须摒弃对体力劳动固有的偏见。新时代,高校需以马克思主义劳动理论、中国传统劳动观以及中国特色社会主义实践等视角对崇尚劳动的本质、价值以及意义等进行解读,防止大学生片面化与单一化地将劳动仅理解为生产中的体力劳动。高校要引导大学生在实践中挖掘劳动的乐趣,从观念上消除劳动高低贵贱与等级化的狭隘思想。此外,高校应该更加注重引导大学生牢固树立历史由人民创造的观念,崇尚任何形式的劳动都应受到平等的尊重,不管是从事体力劳动还是脑力劳动,也不论劳动付出量的大小,唯有崇尚劳动才能播种希望,收获成果。

(三)在热爱劳动方面

《左传》有云:"民生在勤,勤则不匮。"热爱劳动是中华民族的优秀传统,绵延至今。然而,在历史上,劳动往往成为卑贱和劳累的代名词。辛苦劳动的奴隶被奴隶主看作"会说话的工具",农民的劳动成果受到了地主阶级的残酷剥削,资本家无偿占有了由工人创造的剩余价值。"劳心者治人,劳力者治于人"的传统观念在许多人的头脑里根深蒂固。虽然凡勃仑在分析劳动遭遇鄙视的原因时将劳动视为屈居下级的标志,是任何一个有身份、有地位的男子所不屑的,但事实上,劳动是最光荣的,只有劳动才能创造美好生活,爱劳动的人将永

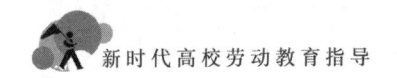

远焕发出美丽动人的光彩。[①]这是因为,基于对劳动的热爱,劳动者充分发挥其聪明才干,提高其劳动效率,并在劳动过程中充分体会到劳动所带来的满足感与喜悦感,才能实现自我价值。反之,如果不能将劳动内化于心进行热爱,那么劳动则会异化为外在的枷锁,从而使劳动者无法充分获取劳动过程中受益终身的宝贵财富。党的十八大以来,习近平总书记多次强调,全社会要热爱劳动,培养时代新人,要教育学生热爱劳动,并为他们注入热爱劳动的基因。为此,新时代高校要培养大学生热爱劳动的价值取向与真挚情感,明白劳动的真正意义与价值。高校要在遵循劳动教育现象、把握劳动教育规律的同时,注重劳动教育内容的时效性与系统性,科学地构建劳动实践体系,着力优化大学生的专业实习实训,并借助多元主体等各方力量,形成协同育人的劳动教育新格局。因此,高校劳动教育的内容体系中,要把热爱劳动的态度培养作为一项重要内容,在劳动教育过程中要让大学生锤炼品质、增长本领、磨练意志,并用心去感受劳动所获得的快乐与幸福,使之产生对热爱劳动的真挚情感。

三、"四最"导向的劳动价值观

任何教育活动都具有一定的价值目标,而这种价值目标在很大程度上规范着教育的价值内容,并反映一定的价值诉求,劳动教育也不例外。《关于全面加强新时代大中小学劳动教育的意见》明确指出:"通过劳动教育,使学生能够理解和形成马克思主义劳动观,牢固树立劳动最光荣、劳动最崇高、劳动最伟大、劳动最美丽的观念"。[②]这一定位是对马克思关于劳动创造世界、创造历史、创造人本身的劳动价值观的继承与发扬,也是对新形势下出现的种种拜金

[①]陈国维.大学生劳动教育[M].北京:高等教育出版社,2020:67-68.
[②]中共中央国务院关于全面加强新时代大中小学劳动教育的意见[N].人民日报,2020-03-27.

主义、享乐主义、投机主义思潮的拨乱反正。[①]新时代教育背景下,高校要积极引导大学生体验劳动、理解劳动的时代意蕴与本质,全面提升劳动素养,逐渐树立"四最"劳动价值观,倡导大学生以辛勤劳动、创新精神等参与到社会建设之中,使之在劳动实践中实现社会价值与个人理想,是新时代全面加强劳动教育的重要任务与课题。

(一)劳动最光荣

劳动价值观核心内容之一即要让大学生平等地看待各行各业的劳动者,学会懂得"劳动最光荣"。高校要积极引导大学生认识到劳动者在价值创造中的主体地位。我国是人民当家作主的国家,任何人任何时期都不能抹杀劳动者的地位与价值。然而,随着现代文化娱乐与社交网络平台的兴起,部分大学生认为网络经济既赚钱较快,又不用过多体力劳动,于是看不起一线工人、农民工等,这种错误的思想观念亟待多元主体形成强大的育人合力,帮助大学生矫正这种错误的观点。诚如习近平总书记强调,劳动是没有高低贵贱之分的,每一份工作都是光荣的。因此,唯有劳动光荣的观念浸润心灵才能焕发新时代大学生的劳动精神,并让大学生以更大的热情投入社会劳动,从而实现更高的价值。

(二)劳动最崇高

劳动价值观核心内容之二即要让大学生弘扬与继承劳动精神,学会懂得"劳动最崇高"。崇高的劳动精神源于崇高的劳动者,新时代涌现出诸多的大国工匠以及劳动模范等,他们用自身的行为诠释着何谓劳动精神。作为新时代的高校大学生,更要弘扬与继承劳动精神,无论做任何工作都要脚踏实地、勤奋努力,树立远大的理想,并将个人梦与"中国梦"相融合,敢于担当其时代

[①] 李珂.嬗变与审视:劳动教育的历史逻辑与现实重构[M].北京:社会科学文献出版社,2019:223.

的重任。具体而言,大学生不仅要专注于自身的专业学习,不断地提升自身的理论与实践能力,认真对待工作与生活,更要有甘于奉献的精神品质。如新时代的大学生多为"00后",自我意识强烈,部分大学生只认识到要通过劳动促进个人发展,实现个人价值,但是忽视了评价人生价值的基本尺度是通过劳动为社会做出了多少贡献。此外,高校要加强大学生劳动精神培养,让大学生深刻理解劳动是我们生存于世界最为神圣的活动,并以此作为引领大学生的价值取向,从而促进大学生全面发展。

(三)劳动最伟大

劳动价值观核心内容之三即要让高校大学生在大格局视野下认识劳动的本质,学会懂得"劳动最伟大"。马克思认为,劳动创造对社会的进步与发展起到重要推动作用。在新时代背景下,懂得劳动最伟大必须要让大学生明确认识两点:一是伟大事业是由劳动创造的。习近平总书记指出:"我国所处的时代是催人奋进的伟大时代,我们进行的事业是前无古人的伟大事业,我们正在从事的中国特色社会主义事业是全体人民的共同事业。"[1]深刻理解中华人民共和国成立以来取得的伟大成就是由劳动所创造的,中国特色社会主义的大厦是由一砖一瓦砌成的,人民美好的幸福生活是由一点一滴创造的。如在抗击新冠肺炎疫情的斗争中,钟南山、李兰娟等专家、一线医务工作者、疾控工作者、公安民警等不仅承受了难以想象的心理与身体压力,更凸显了其自身的价值,做出了巨大的贡献,是新时代最可爱的人。二是树立大学生正确的人生导向。高校要积极引导大学生形成正确的"梦想",通过生动的劳动教育使大学生崇尚劳动模范,学习劳模精神,感受劳动者的伟大与崇高等,使劳动最伟大成为新时代的有力强音。

---

[1] 习近平.在庆祝"五一"国际劳动节暨表彰全国劳动模范和先进工作者大会上的讲话[N].人民日报,2015-04-29.

(四)劳动最美丽

劳动价值观核心内容之四即要让高校大学生明白劳动过程是人们按照美的规律改造世界的过程,是最能体现审美精神与人的本质力量的活动,以此懂得"劳动最美丽"。中华民族是善于创造的民族,全体人民勠力同心建设中国特色社会主义现代化强国,不断开创历史新格局,释放创造潜能,在劳动中建成了今天美丽的国家。通过劳动教育让大学生树立"劳动最美丽"的劳动价值观,见证、感悟普通劳动者的美丽,明白"不劳动可耻、不劳动低劣、不劳动渺小、不劳动丑陋"的道理。

第二节

劳动知识

劳动知识的学习是新时代高校劳动教育内容体系中的第二个维度,也是高校劳动教育实施开展的重要载体。新时代对劳动教育提出了新的要求,加强高校大学生劳动知识学习,既是劳动教育的基础,也是培养大学生树立科学劳动观的主要依托。大学生通过劳动教育要获取的知识既包括与学生专业学习相关的劳动规范和技能知识,也包括与通用性劳动相关的知识,如劳动伦理、劳动法律法规以及劳动就业保障等方面的知识。通过相关劳动知识的学习,可以使高校大学生对专业知识的实践把握与现实理解不断加深,从而为未来的就业工作奠定坚实基础。由于高校中学科专业的不同,劳动教育知识的类型也不同,同时,获取劳动知识的途径也不同。因此,本书从高校劳动知识的类型和获取途径出发,指导高校开展劳动知识学习的相关工作。

一、劳动知识的类型

与中小学阶段不同,高等教育阶段的专业性更强,大学生毕业后距离劳动力市场更近。因此,新时代高校劳动教育要进一步增强学生的专业应用能力和劳动创造能力,更加突出专业性劳动知识与通用性劳动知识的融合提升。

(一)要引导学生结合专业学好专业性劳动知识

一个人是否学专业知识,在从事某项具体工作时的技能水平和实际效果是有明显差异的,而是否能够通过反复实践操练,将所学知识转化为改造事物的专业技能,对专业知识学习效果同样有着重要的影响。[①]当前,高校主要通过劳动规范、劳动技能等形式来组织大学生获取专业性劳动知识。具体而言,专业性劳动知识的教育主要是结合学生专业知识的学习和技能的训练而开展的劳动教育。劳动伴随人的一生是因为人的日常生活离不开劳动,人的专业工作离不开劳动。因此,在劳动知识技能培养中主要涉及日常劳动知识技能培养和专业劳动知识技能培养两个方面。通过科学系统规范的日常生活劳动知识技能培训,一方面可以提高学生自己的生活质量,使其感受到科学劳动的魅力;另一方面,也能为学生专业劳动素养的提升发挥良好的基础铺垫作用。开展清晰的日常生活劳动知识教育并布置日常生活劳动实践作业,是提高学生日常劳动知识技能的必要手段。专业劳动知识技能培养需要更加注重学生的实际动手能力。扎实做好实习实训工作,加强协同育人体系构建对于提高学生专业劳动技能十分必要。[②]

(二)其次,要引导学生掌握通用性劳动知识

通用性劳动知识就是在教育实践中通用性、迁移力较强,在专业社群中认同度较高的教育知识,是在教育知识体系中占据中心位置的教育观念理论、实践知识等的统称。当前,高校主要通过劳动伦理、劳动法律等形式来开展大学生通用性劳动知识。具体而言,一是劳动伦理。劳动伦理是大学生在劳动过程中表现出来的对劳动关系的稳定的心理特征和倾向,是责任意识和道德情操的反映,包括劳动责任意识、劳动主体意识、劳动风险防范意识、环保意识、劳动诚信意识等。劳动伦理教育不仅是提升大学生劳动价值认知的重要手段,也是对学生知、情、意训练的手段。高等教育不仅以劳动技能的学习为核心,更要以构建劳动认识、激发劳动情感、培育劳动品质为目标,体现了劳动教

---

① 赵鑫全,张勇.新时代大学生劳动教育[M].北京:机械工业出版社,2020:89.
② 余江舟.新时代劳动素养的四重维度[J].中国高等教育,2021(C2):55.

育的伦理要求。①二是劳动法律法规。劳动法律法规教育是对高校大学生进行的与劳动相关的法律法规的教育,其中包括劳动法律法规的学习,保护自身劳动权益意识的培养等。高校大学生作为即将走向社会的劳动者,要通过对劳动法律法规的学习,不断提升自身劳动法律法规意识,懂得如何保护自身劳动权益。在遇到劳动责任事故、劳动纠纷案件、劳动违法事件时,高校大学生应通过劳动法律法规保护自己合法的劳动权益,更好地实现就业择业。新《劳动合同法》的颁布和实施,标志着我国已经基本建立了完善的社会主义劳动法律制度。对高校大学生进行劳动法律教育要以《劳动合同法》《中华人民共和国劳动法》《劳动争议调解仲裁法》等为主要学习内容,向学生介绍劳动合同对用人单位是如何规定的,以及用人单位规章制度的约束力要求,使大学生明确哪些情形适用于劳动合同法的规定,哪些情形不适用劳动合同法的规定。此外,还要说明劳动权益受到伤害时是如何保护自己权益的问题,要向学生介绍雇佣合同、劳动合同等之间的区别,介绍关于人生损害赔偿请求的注意事项和个人权益保护问题。在高校大学生劳动教育过程中,要高度重视劳动规范教育,这有利于高校大学生充分了解我国劳动法的基本精神和主要内容,做到依法劳动,并保护自己合法的劳动行为和劳动成果。

二、劳动知识的获取途径

高校要引导学生通过多种途径引导学生获取上文中提到的专业性劳动知识和通用性劳动知识。具体而言,大学生可以通过以下途径获取劳动知识。

---

① 张瑞青,王心金,蒋玲.新时代职业院校劳动素养培育的审视与策略建构[J].无锡商业职业技术学院学报,2020,2014(4):85

(一)专题讲座

以劳动教育专题讲座作为新时代高校大学生劳动教育思想交流与互动的重要载体,既能够为高校劳动教育提供持续性的动力,也有助于培养大学生形成尊重劳动、崇尚劳动、热爱劳动的积极态度。高校劳动教育专题讲座具有广泛性、丰富性与多元性等特征。在宏观层面,通过专题讲座可贯彻落实国家教育方针,围绕培养社会主义建设者和接班人的核心任务,落实劳动教育这一发展理念,使高校大学生成为担当社会主义建设的时代新人;在微观层面,通过专题讲座来培养大学生实干精神,树立科学的劳动品格,加强对高校大学生的劳动教育,使大学生能够在潜移默化的过程中受到引导与教育,这是树立大学生正确劳动教育观念、培育劳动教育情怀以及鼓励大学生主动参与劳动实践的重要抓手。

(二)经典阅读

高校要引导学生回归劳动教育经典阅读,使学生了解马克思主义劳动观的基本内容,从马克思恩格斯的经典著作中找到劳动教育的理论根据,厘清党在各个时期关于劳动教育的思想。具体而言,一是通过"马克思主义基本原理概论"课的教学过程注重将经典理论和原理解读结合起来,让学生对原理既知其然,又知其所以然,让学生领略马克思主义经典书目的理论深度和思维魅力,树立具有理论思维的系统劳动观念。[1]二是阅读马克思关于劳动教育思想意蕴的经典书目来理解"劳动是价值的唯一源泉"、重视劳动者的主体地位和劳动的力量、劳动观植根于劳动群众以及生产劳动与教育相结合的相关内容等。马克思主义经典著作的思想意蕴为高校劳动教育提供了重要的理论依据,为进一步焕发高校大学生劳动热情、释放劳动创造潜能奠定理论基础。三

---

[1] 刘向兵.新时代高校劳动教育论纲[M].北京:社会科学文献出版社,2019:96.

是深入理解党在不同时期的教育方针,尤其注重把握劳动在新时代的内涵和使命。在新时代背景下,要加强习近平新时代中国特色社会主义思想的学习,明确劳动人民是国家的主人,为劳动人民谋幸福,依靠劳动人民实现中华民族的伟大复兴,是中国共产党既坚持人民立场,又牢记初心使命的重要内核。此外,认真学习与深刻体会习近平总书记关于劳动精神、劳模精神等的相关论述,培育大学生劳动教育价值取向,引导大学生认同劳动最光荣、劳动最伟大的价值观。

(三)课程研习

课程是高校进行劳动教育的主要形式,通过设置劳动教育课程,可以让学生系统学习劳动理论知识、实践技能,培养学生劳动观念、劳动精神与劳动意识等。《关于全面加强新时代大中小学劳动教育的意见》强调:把劳动教育纳入人才培养全过程,设置劳动教育课程,努力构建德智体美劳全面培养的教育体系。① 该《关于全面加强新时代大中小学劳动教育的意见》对高校劳动教育课程做出了制度性安排与原则性规定,为新时代高校劳动教育课程设置提供了重要的政策依据。劳动教育课程是学生获取劳动知识的主渠道。当前,大部分高校依据国家政策相关文件,积极创造条件,开设劳动教育课程,丰富和完善课程体系,创新劳动教育内容和形式。具体而言,学校在劳动教育课程建设中要注重以下几点。一是重视课程内容质量,将劳动教育内容渗透于学科教学中。高校教师作为课程的主要实施者,不仅应做到充分了解与把握课程内容,还要做到以一种"润物细无声"的方式将劳动教育内容融入不同学科专业教学内容之中。如通过循序善诱的教育方法不断地将劳动创造历史、劳动创造世界、劳动创造人本身等劳动观念渗透入"思想道德修养与法律基础""马克

---

①中共中央国务院关于全面加强新时代大中小学劳动教育的意见[N].人民日报,2020-03-27.

思主义基本原理概论""中国近现代史纲要"等思想政治理论课教学中,让学生树立正确的劳动观。二是劳动教育课程内容要体现时代性。随着我国教育高质量的发展,新时代高校劳动教育课程内容应与时俱进,紧密结合中国国情,以此改进课程内容。信息技术、通用技术与劳动教育相结合,紧扣高阶能力的时代性。在"创新"成为时代要求的背景下,劳动教育课程内容应融入数字化、信息化元素,培养学生的高阶思维能力和社会情感能力。设置"虚拟劳动教育实验室",丰富劳动教育的内容与环境,以虚拟性与高交互性的方式让学生体验各行各业的独特魅力。把数字世界与现实职业相结合的"虚拟劳动教育实验室",能够拉近学生与不同职业、无条件体验的职业以及高科技职业之间的距离,增强学生对自己感兴趣职业的了解与感受。[①]三是加强高校劳动教育课程实施的外部保障。劳动教育课程内容应与社会经济新时代的发展相适应,在建立政府支持、校企合作以及校校共享等合作机制基础上,促进高校劳动教育与创新创业教育深度融合,让大学生在创造性劳动中充分掌握劳动技能与劳动知识。

(四)主题活动

新时代高校要充分利用主题活动这一有力抓手,开展劳动教育活动,旨在引导新时代大学生养成劳动习惯、树立劳动观念、培养劳动精神,使之在劳动实践中去锻炼自身的意志品格,并将国家发展与个人奋斗同频共振,为实现中华民族的伟大复兴与教育高质量发展贡献出自己的青春力量。现阶段,开展高校大学生劳动教育主题活动的形式呈现多样化特征,主要体现在如下几个方面。一是以校训、校史等大学精神所蕴含的劳动文化元素为主题开展劳动教育主题活动,帮助大学生树立正确的劳动观念与劳动意识。校训是一所学

---

① 毛菊,王坦,牟吟雪.高阶能力的发展:劳动教育的时代召唤与回应[J].教育理论与实践,2021,41(16):7.

校办学宗旨、教育理念和人文精神的高度凝练,是学校长期形成的校风、学风和教风的集中体现。要着重挖掘校训中爱岗敬业、勇于创新等内容,让学校开展劳动教育具有航标和灵魂。在校史方面,每所高校都有其鲜明的办学特色与办学历程。挖掘高校校史中有关奋斗拼搏、吃苦耐劳、迎难而上的典型人物和感人故事,并通过系列丛书、图片、视频等方式呈现在学生面前,让他们深刻理解劳动成就梦想、劳动开创未来的道理。[①]二是结合节假日、纪念日等开展劳动教育主题活动,打造一系列师生喜闻乐见的大学校园文化活动,让参与其中的师生感受到劳动的乐趣与魅力。目前,各高校纷纷结合我国重要节日开展与劳动教育相关的主题活动。如重庆某高校举办以"劳动最美·爱国力行"为主题的演讲比赛,主题内容涉及自己参与返乡社会实践、抗疫志愿服务中对劳动的认识,对劳动者的敬意;从火神山、雷神山医院修建中彰显的中国速度,谈到劳动工人的伟大、白衣天使保卫人民的无私精神;从古人对劳动的崇尚,谈到当代大学生应提升劳动意识……他们用真挚的情感、感人至深的故事、饱含深情的演讲,讲述了新时代大学生对劳动最真挚的理解和最崇高的敬意。此外,各高校纷纷设立"校园文化劳动月",积极开展不同主题的劳动教育活动。例如,借助植树节、学雷锋纪念日、五一劳动节等开展形式多样的劳动主题活动,宣传新时代劳动价值观,使大学生在参与各个劳动主题活动的同时,能够积极主动地延续我国优良的劳动传统,形成积极的劳动精神。

[①]徐雪平.学校劳动文化培育的价值与策略[J].教学与管理,2021(14):19.

第三节

劳动实践

《大中小学劳动教育指导纲要(试行)》指出,劳动教育的内容包括日常生活劳动、生产劳动和服务性劳动中的知识、技能与价值观。[①]高校劳动教育具有极强的实践性,其教育内容应根据国家的相关要求,结合大学生的发展规律、认识程度以及身心发展情况等,充分发挥学校特色,利用社会资源,开展包括日常生活实践、生产实践和服务性实践性在内的劳动实践活动,形成多样化、协同化、系统化的劳动实践体系,让学生在劳动实践中体悟劳动的价值与意义,以切实解决高校劳动教育中"有教育无劳动"的问题。

一、日常生活劳动实践

恩格斯指出,劳动创造了人本身,并是整个人类生活的第一个基本条件。[②]日常生活劳动作为创造人类社会劳动中最普遍的劳动类型,既是保障每个人存在的首要基础与前提条件,也是立足于劳动自立与自省意识的培养,并在不同生活模式下所形成的一种理想劳动状态。在日常生活劳动中大学生应做到自觉劳动、珍惜劳动成果,时刻提升自我的生活能力,养成良好的劳动习惯,并能够有效地运用到生活实践之中。然而,高校大学生正处于世界观、价值观和人生观形成的重要时期,生活阅历缺乏,基本生活技能欠缺,尚未完全形成对人生的深刻体验和感悟。劳动作为沟通主观与客观的中介,有助于大

[①] 中华人民共和国教育部.教育部关于印发《大中小学劳动教育指导纲要(试行)》的通知.[EB/OL]. http://www.moe.gov.cn/srcsite/A26/jcj_kcjcgh/202007/t20200715_472808.html

[②] 鲁小兵.论恩格斯的人类起源动力思想[J].湖南师范大学社会科学学报,1987(5):30.

学生的道德素养获得全面成长。现在的大学生很多都是"不知稼穑之艰难,乃逸乃谚",即没有体验过农民"面朝黄土背朝天"的艰辛,生活上就会容易放纵和荒唐。只有亲自参与了日常生活劳动,才会深刻感受到生活的艰难,加深对劳动环节的认识,产生刻骨铭心的劳动印记。①

具体而言,要充分发挥家庭和学校的协同作用。一是家庭要发挥在劳动教育中的基础性作用。注重抓住衣食住行等日常生活中的劳动实践机会,鼓励孩子自觉参与、自己动手,随时随地、坚持不懈进行劳动,掌握洗衣做饭等必要的家务劳动技能。学生参加家务劳动和掌握生活技能的情况要按年度记入学生综合素质档案。二是学校要发挥在劳动教育中的主导作用。健全劳动素养评价制度,引导大学生每天清扫寝室,及时分类清倒垃圾,经常保持室内通风;床铺被子叠放整齐,被单平铺整齐,书籍、洗漱用品等摆放整齐,衣帽用品挂放整齐,行李入柜存放整齐;垃圾放入指定的垃圾桶内,保持地面、墙面、门面干净整洁,无积尘、无污渍、无积水、无纸屑、无果壳等;勤洗澡、勤理发、勤换洗衣服,养成良好的个人卫生习惯等。将学生寝室卫生检查、个人生活卫生检查等劳动素养纳入学生综合素质评价体系,制定评价标准,全面客观记录学生日常生活劳动过程和结果,加强日常生活劳动技能和价值体认情况的考核。

二、生产劳动实践

生产劳动作为人类社会劳动的基本类型之一,具有鲜明的社会导向性。人类的生产劳动经历了从简单劳动到原始劳动,再到复杂性劳动和创造性劳动的过程,其发展历程既体现了人类社会发展史,也体现了人类通过劳动创造美好生活的追求。在一定的社会条件下,可根据劳动复杂程度将其分为简单生产劳动和复杂劳动。其中,简单生产劳动是指不用特殊训练,每个劳动者都

---

① 李珂.嬗变与审视:劳动教育的历史逻辑与现实重构[M].北京:社会科学文献出版社,2019:111.

能掌握的一般性劳动。引导大学生参与一定的简单生产劳动是大学生培养职业观念、增强社会责任感的重要环节,也是大学生积极融入社会的表现。[①]生产劳动的实质是让学生在工农业生产过程中直接经历物质财富的创造性过程,体验从简单劳动、原始劳动向复杂劳动、创造性劳动的发展过程,从而使学生学会使用劳动工具,掌握相关技术,感受劳动创造价值,增强产品质量意识,体会平凡劳动中的伟大。可见,在新时代背景下,引导高校大学生积极参加生产劳动,是关涉劳动教育质量的关键因素。生产劳动已不是一般的生产劳动,更不是一种纯粹的生产劳动,而是具有一种教育性与学习性的劳动,并在高校专业化教师指导下,对专业学科进行理论与实践思考,从而带领学生进入生产劳动场所,开展体验、实验与验证的专业性劳动的生产过程。学生只有亲历实践过程,才能真正体悟真理,发现知识,明确操作技术等,从而提高生产劳动能力。因此,各高校要根据学校办学特色,积极对接行业、企业等社会性生产平台,借力专业化学习,加强生产劳动教育,为大学生生产劳动提供丰富的生产劳动空间。

具体而言,一是实现生产劳动与教育有机结合。生产劳动与教育的有机结合作为一种教育思想,不仅造就了时代特质之人,更是新时代教育改革的必然趋势。高校培养大学生将所学的专业化理论知识与技能和未来的就业与发展相对接,从理论与实践结合的高度加强专业范围内的技能培训,使学生既有扎实的专业理论知识,又有相应的动手应用能力。例如,高校要创造条件,把有研究基础和兴趣的学生吸引到教师的课题研究中,让学生在参与具体的科研工作中增长知识,培养其不懈的奋斗精神;同时,充分利用社会实践活动、社团活动和志愿者服务等学生喜闻乐见的方式,让学生了解社会、增长才干,储备未来工作生活的基本技能。更重要的是,通过劳动教育,培养学生自信

[①]吴奶金.高校劳动教育内涵与可行性路径分析[J].大理大学学报,2020,5(1):40.

心、责任心等思想品质和为中华民族伟大复兴而奋斗的意志。[①]二是拓宽大学生参加生产劳动的主要内容。工农业生产活动是最朴素的生产劳动实践,能让大学生体会到劳动的快乐,并与劳动人民建立真挚的感情。[②]然而,随着生产劳动形态的变化,生产劳动过程中的科学技术逐渐凸显。高校大学生生产劳动教育内容的选择,必须符合当下互联网科技与生产的时代发展,体现现代科学技术在生产劳动中的有效运用,注重新兴技术支撑和社会服务的新变化,认识到现代科学技术在劳动中的强大生产力,从而树立创新意识与科学精神。三是高校要针对不同大学生的就业需求,积极给大学生提供就业实习平台,为大学生提供从事不同生产实践的机会,使之在生产劳动中逐步适应社会。如劳动教育与企业顶岗实习相结合,以劳动教育来优化顶岗实习内容,从而提高大学生劳动素养与专业技能。

三、服务性劳动实践

服务性劳动是指劳动者运用自身所储备的知识与技能,结合一定的设备与工具向他人提供的一种帮助与服务。作为劳动实践活动的类型之一,与日常生活劳动所特有的自我倾向性不同的是,服务性劳动具有鲜明的社会导向性、利他性以及非功利性等特点。目前,随着我国现代化进程的不断发展,服务性行业的规模越来越大,公共服务越来越重要,大学生必须在奉献社会、服务他人等方面树立正确的价值观、人生观与世界观,在多样化的服务中担当社会责任。正如习近平总书记所说:"广大青年要自觉奉献青春,为全面建成小康社会多做贡献。青年时光非常可贵,要用来干事创业、辛勤耕耘,为将来留

[①]宋敏娟.教育与生产劳动相结合的时代内涵及其实现途径[J].毛泽东邓小平理论研究,2019(1):19.
[②]陈国维.大学生劳动教育[M].北京:高等教育出版社,2020:123.

下珍贵的回忆。"[1]新时代服务性劳动教育要培养劳动者爱岗敬业、甘于奉献的劳模精神,引导个体在帮助他人、服务集体中培养服务意识,通过参与不同类型的服务性岗位和公益性活动丰富服务技能、提升服务本领,在实践中提升社会责任感,培育良好的社会公德,共同推进社会主义和谐社会建设。[2]可见,服务性劳动不仅可以塑造大学生正确的劳动意识,而且还可以培养当代大学生的社会责任感。以社会责任支撑劳动品德,让大学生在劳动过程中学习,并了解社会、锻炼体魄、增长专业知识与技能等,切实感受到劳动的意义,引发对自身责任与肩负未来使命的思考。

基于上述认识,可以从以下两方面引导与强化高校大学生服务性劳动。一是积极开展志愿者活动。鼓励大学生参加社区、志愿者、爱心扶助等义务劳动,发挥所学的专业优势,如前往孤儿院、敬老院等地进行服务。如2020年新冠疫情期间,无数大学生积极主动投身于抗疫志愿劳动之中,辅助社区防疫活动、参与流行病的大数据分析等,凸显了服务性劳动的教育闪光点。再如,广大大学生积极参加"尊老、爱老、敬老、助老"献爱心活动,帮助敬老院、空巢老人等打扫卫生、清洗衣物,替老人购买日常生活用品,陪老人拉家常、谈心等。通过这些服务性劳动让大学生充分体会到劳动的意义与价值,帮助大学生提升劳动素养,树立正确的劳动价值观。二是积极开展公益性活动。如定期安排大学生参加农业生产、工业体验、商业和服务业实习等义务劳动实践,利用劳动教育实践基地、综合实践基地和其他社会资源,与研学旅行、团队日活动和社会实践活动等相结合,培养大学生的活动组织能力和奉献精神。鼓励大学生协助绿化养护人员对校园绿化带内杂草进行清理,了解绿化和花卉的养护知识,掌握简单的花卉养护、浇水、施肥、修剪等技能;协助会务人员做好校

---

[1] 习近平.在知识分子、劳动模范、青年代表座谈会上的讲话[N].人民日报,2016-04-30.
[2] 彭舸珺,张雪颖.恩格斯劳动思想视域下的新时代劳动教育内容探析[J].社科纵横,2020,35(10):33-34.

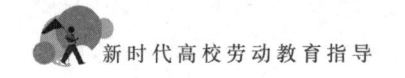

内各种会议、会场的宣传布置工作,了解宣传栏、横幅等的设计、排版、制作、摆放等知识;积极参加社会组织、学校、学院举办的各种公益活动,服从组织领导,做好本职工作等。

第四节

劳动技能

当前,在世界新一轮科技革命与我国产业转型升级的历史交会之际,我国工业制造业进入4.0时代,意味着传统的"中国制造"将被"中国智造"所取代,频频涌现出的新技术、新产品、新业态以及新模式致使生产劳动中被智能机器人所取代的简单技能岗位逐渐减少。这对于劳动者的技能提出了更高要求,也给培养技术技能型人才的高等教育提出了新的发展目标。[1]可见,劳动技能的培养是高校劳动教育的重要内容,高校劳动教育既要通过系统的学习引导大学生掌握专业的劳动知识,奠定扎实的理论基础,又要加强专业化的劳动技能训练,使学生将理论知识转化为实际操作的技能,从而提升大学生专业素质与实践能力。

一、专业性劳动技能

专业性劳动技能是大学生基于专业理论知识、技术水平以及综合运用能力等所形成的职业实践能力,这些能力是以通往未来就业与职业岗位为导向的,是新时代高校大学生劳动技能提升的关键。2020年3月,中共中央、国务院印发的《关于全面加强新时代大中小学劳动教育的意见》指出:劳动教育是中国特色社会主义教育制度的重要内容,直接决定社会主义建设者和接班人的劳动精神面貌、劳动价值取向和劳动技能水平。[2]可见,对于社会而言,掌握好

---

[1] 张晨晨.新时代高职院校开展劳动教育的价值、困惑与出路[J].高等职业教育探索,2021,20(2):16-17.
[2] 中共中央国务院关于全面加强新时代大中小学劳动教育的意见[N].人民日报,2020-03-27.

专业性劳动技能的社会人才是满足中国特色社会主义事业不断进步与发展的需要。对于高校大学生而言,掌握必要的专业性劳动技能是立足于社会生存的首要条件,更是高校劳动教育的着力点。

(一)在前期阶段,要让大学生夯实系统化的理论与方法

专业性劳动技能离不开专业理论与专业方法的传授,需要通过专业知识的积淀与学习才能形成。换句话说,专业性劳动技能对专业理论与专业方法的依赖不是被动的,而是一种主动应用的延展。一个人是否学过相关专业知识,在从事某项具体工作的技能水平和实际效果方面是有明显差异的,而是否能够通过反复实践操练,将所学知识转化为改造事物的专业技能,对专业知识学习效果同样有重要影响。在现实生活中,一位理论功底深厚的医学博士未必能看得好病,因为看病需要在临床实践中不断积累经验,但这位医学博士看病的能力肯定比一位建筑工人强;同样的道理,一位美术大师盖房子的技能恐怕没法和这位建筑工人相比,因为他脑海里储备的更多是关于绘画的专业知识。[1]因此,充分运用劳动理论或专业方法进行劳动技能的教育是尤为重要的,既要考虑到我国目前科学技术、社会生产与社会条件发展的现实需求,更要考虑到大学生毕业后与社会主义市场需求对接的程度,以此统筹安排高校劳动技能相关的专业知识教育。在专业理论方面,自然科学知识可以为劳动技能的培训提供科学原理,高校劳动技能首先要以系统化、科学化的劳动知识为基础。在专业理论教学中,高校要引导学生注重对专业基本理论的研读,让学生在脑海中构建起基本的专业理论体系。如工科学生通过对电气知识、机械知识、企业生产知识等理论知识的研读,可以逐步形成专业基础素养,为日后劳动技能与相关理论知识相结合奠定基础。在专业方法方面,高等教育阶

---

[1]赵鑫全,张勇.新时代大学生劳动教育[M].北京:机械工业出版社,2020:89-90.

段培养的高素质劳动者,主要是以方法论为重。大学生要尽快转变对专业学习的认知观念,尤其在专业技能学习过程中,不仅要熟悉理论知识从假设到推演逻辑再到得出结论的整体认知,随时关注与跟踪专业发展的前沿动态,更新专业知识,还要注重对实操过程中所存在的问题、操作流程以及注意事项进行学习,灵活掌握与运用劳动技能的专业方法。

(二)在实施阶段,高校要构建科学化的劳动技能教育

一是高校要强化校内专业实习实训环节,融"教、学、做"于一体,培养大学生的专业技术能力。为有效适应劳动新形态的发展,传统专业实训要在互联网信息技术、仿真模拟技术等方面进行全面升级,以满足大学生对服务体验、专业实操的专业性实践需求,为大学生的专业技能发展赋能。例如,物流专业可以运用三维动画技术,对整个物流活动进行模拟。如果要了解仓库管理运营,当软件运行后,学生就可以看到仿真的整个仓库及货物情况,这时候学生就可以根据模拟的任务单,进行货物的入库、分拣、包装等实操工作。[①]二是深度挖掘多方资源优势,开展专业实训项目。高校要加强校企合作,组成专业的项目团队,根据项目学习要求,分析规划项目的目标定位、研究方向、细分职责、素材需求、劳动工具、劳动知识理论与劳动技能等明细列表,最终通过实训项目落实培训效果,巩固劳动技能与方法。比如,食品生产相关专业可以与校外的蛋糕店合作,组织蛋糕烘焙项目技能实训小组,由蛋糕店师傅领衔,学习设计新的蛋糕样式,并根据蛋糕制作流程要求,实际参与制作过程,在蛋糕制作完成后,互相品尝、评价制作结果。整个实训项目参与过程也就是蛋糕学习制作的过程,会进一步巩固理论知识学习,并详细了解劳动注意事项与操作要

---

① 高明杰.中职生专业技能培养的现状及对策研究—以烟台XX中等职业学校为例[D].鲁东大学,2018(12):35-36.

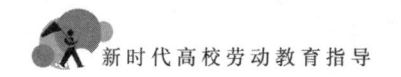

求,提高实际劳动能力与技术水平。[①]

(三)在后期阶段,高校要将技能训练纳入劳动教育评价体系

高等教育阶段开展劳动教育时,需构建一套系统完善的评价体系,不断推进劳动教育的有序开展。通过对大学生进行评价与激励的方式来推进技能训练纳入高校劳动教育评价体系,可以提升大学生参与劳动的积极性,增强劳动教育的实际效果。具体而言,可以对大学生在劳动技能训练中的成果与表现进行全方位的考核评价,通过设置劳动技能的内在与外在的两项指标体系,予以打分。其中,以劳动态度、职业精神与善于劳动等作为内在指标,以劳动技能的理论知识的掌握、劳动实训过程中生产技能的熟练程度、理论与实践相结合的运用程度以及劳动技能训练的实效等作为外在指标,以此形成全面化的劳动专业技能评价体系。劳动技能评价结果应成为大学生全面发展的重要指标,高校应将其作为评优评先等工作的主要参考依据。

二、综合性劳动技能

随着我国社会经济发展水平的不断提升,对技术技能型人才的要求越来越高,而加强专业性劳动教育、提升劳动精神与素养等,正是培养综合性劳动技能的基础性条件。2020年3月,中共中央、国务院印发《关于全面加强新时代大中小学劳动教育的意见》指出:通过劳动教育,使学生能够理解和形成马克思主义劳动观,牢固树立劳动最光荣、劳动最崇高、劳动最伟大、劳动最美丽的观念;体会劳动创造美好生活,体认劳动不分贵贱,热爱劳动,尊重普通劳动者,培养勤俭、奋斗、创新、奉献的劳动精神;具备满足生存发展需要的基本劳

---

①何晶.如何将中职劳动教育和专业技能培养结合起来[J].现代职业教育,2021(5):203.

动能力,形成良好劳动习惯。[①]可见,综合性劳动技能的培养应成为高校劳动教育的内容之一,这是满足大学生生存和发展所需的基本劳动能力,也是让大学生动手实践、应用和掌握相关技术、感受劳动创造价值、形成社会责任感的基础能力。

(一)高校要提升大学生的综合性劳动技能素养

综合性劳动技能素养是大学生在劳动实践中形成的一种综合素质,对高等教育技术技能型的人才培养有着深刻且直接的影响。新时期劳动实践活动场域发生了新的变化,并赋予劳动价值观新的内涵,高校唯有培养大学生正向积极的综合性劳动价值观,劳动过程中形成的情绪情感、自我概念、动机、品质、人际互动能力、行为习惯等,才能有效转化为综合性技术技能型人才进行设计、构想、革新与转化的价值动力。[②]这是因为,综合性劳动技能素养的培养对大学生的成长成才具有极其重要的作用,培养大学生的综合性劳动技能成为高校的重要内容。其重要性具体体现在以下几个方面。

一是综合性劳动技能对大学生道德的培养具有重要作用。以高校机械加工技术专业为例,高校教师依据教学目的,让大学生在一定程度上了解与掌握了机械加工的研究对象、工艺过程、相关概念后,通过相关短视频和图片,让大学生能够充分了解到我国以及国际社会上机械制造业的趋势与现状等,让大学生深刻感受到我国机械制造业的先进与辉煌,从而激发大学生的国家自豪感,增强其专业和课程学习的积极性。

二是综合性劳动技能对大学生智力的培养具有重要作用。从本质上讲,高校综合性劳动技能的培养是一项实践活动,其教学在很大程度上是促进大学生动手能力与动脑能力的结合。以高校艺术专业为例,结合校园文化与专

[①]中共中央国务院关于全面加强新时代大中小学劳动教育的意见[N].人民日报,2020-03-27.
[②]王汉江,姜伯成.新时期职业院校加强劳动教育的价值意蕴与实践路径[J].教育与职业,2020(13):29.

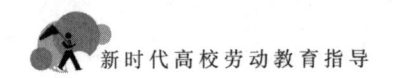

业特色,开展劳动文化节,举办综合性劳动活动,如设计、绘画、剪纸等。在劳动实践环节中,大学生的思维能力会更加清晰,其想象力、创造力以及思维力等也会伴随着技术的提高而得到相应程度的提升。

三是综合性劳动技能对大学生眼界的开阔具有重要作用。高校大学生综合性劳动技能的培养能增强大学生的见识与阅历,让高校劳动教育更加具有深度与广度。以高校信息型专业为例,高校引导大学生通过互联网信息技术开阔自身的眼界,充分认识到信息技术过程中存在的价值与作用。在劳动实践过程中,运用相关信息技术(如C语言、VR技术、AI编程以及Powerpoint等)与技能型劳动相结合,以此来改变传统的劳动教育教学模式,为大学生提供更多自主实践、自主探索和多元化学习的机会。

四是综合性劳动技能对大学生创新能力的培养具有重要作用。高校大学生综合性劳动技能的掌握,其本质上就是拥有良好的创新意识、创新能力以及实践能力等,从而激发大学生的想象力与创新力。以高校物理化学专业为例,培养高校大学生对于物理化学的实践操作,有助于大学生在该专业中了解不同客观事物之间的规律反应与必然联系,让大学生明白每一种客观事物的反应均要受一定条件的制约,从而在一定水平的制约下进行创新。

(二)高校要提供综合性劳动技能考证的培训平台

综合性劳动技能包括单向综合劳动技能和职业综合性劳动技能两类,分别以学生获得相应的技能证书为标准。当前,单向综合性劳动技能证书包括普通话等级证书、外语等级证书、计算机等级证书、汽车驾驶证以及游泳等级标准等;职业综合性劳动技能证书包括各类职业资格证书,如导游资格证书、律师资格证书、教师资格证书、心理咨询师证书、茶艺师资格证书以及景观设计师资格证书等。那么,如何帮助高校大学生获取综合性劳动技能资格证书,是高校必须重视的事情。高校要探索知识基础、实践能力与人文素养融合发展的人才培养模式,根据社会对人才的发展需求,制定科学的、切实可行的人才培养方案。以提升职业素质和职业技能为核心,优化学科专业结构,在允许高等院校扩大学科专业设置自主权的条件下,专业设置要与服务地方经济发展为前提,以就业为导向,设置课程要与职业资格考试的科目相匹配。①

---

① 程艳.大学生专业学习与职业资格证书考试的衔接探讨[J].中小企业管理与科技,2012(11):218.

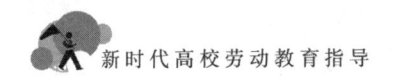

第五节

创造性劳动

创造性劳动是中华民族赓续发展的助推器。创造性劳动是在原有劳动知识与思维、劳动方法与内容等方面进行不断地创新与突破，以此形成高效的劳动效率与超值的社会财富。2016年8月，人力资源和社会保障部、财政部在《关于深入推进国家高技能人才振兴计划的通知》中提出，"十三五"期间，国家高技能人才振兴计划要紧紧围绕人才优先发展和创新驱动发展等战略任务，培养造就一大批具有高超技艺、精湛技能和工匠精神的高技能人才，稳步提升我国产业工人队伍的整体素质。[1]2020年11月，习近平总书记在全国劳动模范和先进工作者表彰大会上指出："当今世界，综合国力的竞争归根到底是人才的竞争、劳动者素质的竞争。"[2]在中国特色社会主义新时代的背景下，为实现中华民族伟大复兴的"中国梦"，我们仍要发扬与继承创造性劳动的优质品质与劳动精神，以推动中国制造向中国创造转变。聚焦教育场域，高校要引导大学生通过社会实践、实习实训等渠道，了解社会经济发展向他们提出解决新问题、创造新事物的要求，并将此要求不断内化于创造新事物的愿望，及时掌握现代劳动技能与科学知识，使学生实现从重复性劳动向创造性劳动的跨越式发展。

一、加强大学生创新性思维培养

创造性劳动实践活动是将脑力劳动与体力劳动有机结合，把创新性思维

---

[1] 深入推进国家高技能人才振兴计划[J].中国人力资源社会保障,2016(9):9.
[2] 习近平.习近平在全国劳动模范和先进工作者表彰大会上的讲话[N].人民日报,2020-11-24

与劳动实践活动融为一体,寻找劳动实践活动中的创新元素,从而激发大学生在劳动创造中的探索精神、创造性思维和批判性思维。对于高校而言,要培养学生的创造性劳动能力,首先要加强学生的创新性思维培养,重点从创造性思维和批判性思维入手,开展创新性劳动教育活动。

(一)要将创造性思维培养融入劳动实践活动之中

创造性思维不同于常规思维,是人类认知新领域、开创新成果的思维互动,具有独创性、非逻辑性以及灵活性等特点。"创造"一词在《现代汉语词典》中的解释是:想出新方法,建立新理论,做出新的成绩或东西。"做出新的成绩或东西"是创造性劳动最直观的评估标准。根据马克思主义思维与存在、理论与实践的辩证统一关系,在影响创造性劳动能力的各种素养中,创造性思维扮演着重要的角色。只有劳动者具备了基本的创造性思维,才有可能在劳动实践中不断提高自己的创造性能力,产生更新颖、更有影响力的创造性劳动成果;反过来,创造性实践过程又会进一步强化劳动者的创造性思维,不断改善劳动者的创造性思维品质,继而形成良性循环的上升过程。因而在一定意义上可以说,创造性思维是实现创造性劳动的核心要素。

(二)将批判性思维培养融入劳动实践活动之中

所谓批判性思维,就是人们综合运用形式逻辑、非形式逻辑以及其他相关技能,对观点、判断、命题、论证、方案等一阶思维进行再思维的工具,其目标是要追求论证的逻辑明晰性和证据材料的可靠性,使人的观念和行为都建立在理性慎思的基础之上,帮助人们做出可靠的决策判断。批判性思维强调重视理性的地位,要求思考者倾向于进行理性评价,并将自己的信念和行动都建立在理性评价的基础上,而其中最重要的就是恰当地使用理性进行质疑的能力,在此意义上,批判性思维是创新人才的首要思维范式。[1]批判性思维对理论创新而言具有重要价值,更重要的是,对于创造性劳动能力的提升、高层次创造性劳动人才的培养与识别而言,批判性思维训练还具有重要的实践价值。教师要善于把劳动实践与社会现实以及学生的生活实际、思想实际结合起来,针对教学内容设计若干探索性学习研究课题,通过设置富有启发性、引导性的真实、有意义的问题和难题让学生解答;设置有多种解法的问题让学生思辨,设置一些问题答案让学生去争辩或阐释,设置一些问题让学生去联想或进行再创造等以训练批判性思维。

二、加强大学生创新创业能力培养

随着人工智能、大数据信息系统等新兴技术不断地影响着人们的生活,劳动形态也随之不断变革,创造性劳动正在成为新时代高校劳动教育的重要特征。习近平总书记指出:"创新是社会进步的灵魂,创业是推动经济社会发展、改善民生的重要途径。""全社会都要重视和支持青年创新创业,提供更有利的条件,搭建更广阔的舞台,让广大青年在创新创业中焕发出更加夺目的青春光彩。"[2]由此可见,在新时代教育背景下,创新创业教育已成为我国高校创造性劳动实践活动的重要载体。高校注重围绕创新创业教育开展劳动实践活动,就是要引导大学生在劳动实践活动中创造性地去解决问题,深刻认识与理解新时代创造性劳动的本质,进而促进大学生德智体美劳全面发展。具体而言,就是要鼓励学生积极参加各种创新实践活动,帮助大学生理论联系实际,培养大学生的创新创业能力。

---

[1] 赵晓芬.批判性思维:创新人才的首要思维范式[J].马克思主义与现实,2008(3):199-202.
[2] 光明日报.习近平:全社会都要重视和支持青年创新创业[EB/OL].(2013-11-09)[2021-08-02].http://zqb.cyol.com/html/2013-11/09/nw.D110000zgqnb_20131109_2-01.htm

一是引导学生积极参加各种国际比赛、竞赛活动,如奥运会、亚运会、世锦赛、艾景奖国际园林景观规划设计大赛等。

二是鼓励学生在综合性的创新创业大赛中尝试新方法、探索新技术、解决新问题,如"互联网+"大学生创新创业大赛、"挑战杯"中国大学生创业计划竞赛、国家级大学生创新创业训练计划项目等,培养学生的创新精神和实践能力。

三是引导学生积极参加由教育部等部委主办的各类大学生学科竞赛,如全国艺术体操锦标赛、大学生数学建模大赛、大学生电子设计竞赛、大学生机械设计大赛、计算机仿真大赛、大学生结构设计竞赛、工程训练中心综合能力竞赛、"挑战杯"全国大学生课外学术科技作品竞赛等。四是引导学生积极参加由教育厅(教委)主办的各类竞赛,如物理实验创新设计大赛、"飞思卡尔"智能车大赛、化学实验技能竞赛、生物实验技能大赛、土木工程专业结构力学竞赛、美术与设计大展、师范生教学技能大赛等。五是引导学生积极参加由全国性学会(协会)主办的各类竞赛,如全国大学生数学竞赛、全国软件专业人才设计与开发大赛、大学生网络商务大赛、先进图形技能大赛、全国大学生英语竞赛、中国大学生原创动漫大赛等。

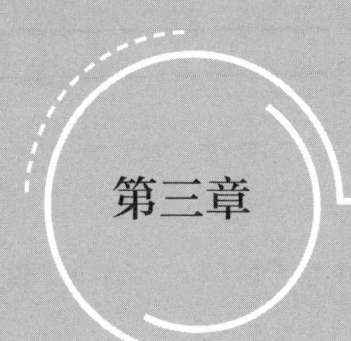

第三章 新时代高校劳动教育的分层实施

习近平总书记在2018年全国教育大会上针对"培养什么人、为谁培养人、怎样培养人"这一根本问题做出了战略部署,高扬劳动教育的价值,提出培育德智体美劳全面发展的时代新人。2020年3月,《关于全面加强新时代大中小学劳动教育的意见》对新时代劳动教育的开展进行了整体设计,也明确提出加强劳动教育的新要求。我国高等教育肩负着培养德智体美劳全面发展的社会主义建设者和接班人的重大任务,办好劳动教育,提升大学生劳动综合素质,关键在高校。为有效开展新时代高校劳动教育,高校应协调统一内部的各方力量,构建一个由顶层设计到具体实施的相互衔接、相互配合的劳动教育工作体系,确保学校层面的组织领导职责到各院系的具体实施职责,从高校劳动教育教师的指导职责到高校学生学习职责的逐步履行。

第一节 学校层面的组织职责

高校是劳动教育的主阵地,在劳动教育开展中处于主导地位,承担着重要的组织职责。劳动教育在学校中的实施和开展,首先需要从学校党委、行政和主管部门层面进行顶层设计和系统规划,以保障劳动教育的顺利实施。学校层面的组织职责需要强化党委、行政和主管部门两方面的主体责任,在党委的统一领导下,由教务处、学生处、团委或其他主管机构统筹组织全校劳动教育的实施。在劳动教育开展前,学校层面应制订一套整体规划,为劳动教育的实施指引方向;在劳动教育实施过程中,学校层面应完善组织、课程、安全、评价等运行机制,促进劳动教育的顺利开展;此外,为保证劳动教育的可持续发展,学校层面还应加强劳动教育的人、财、物等条件保障,并且调动各方资源和力量为劳动教育的长效运行提供支持。

一、制订整体规划

学校是劳动教育的实施主体,各大高校应认真贯彻落实中央出台的有关劳动教育的政策文件,以促进学生全面发展为目标,对劳动教育进行整体设计、系统规划。

(一)制订总体实施方案

学校要根据国家相关规定,结合当地和高校的实际情况,形成高校劳动教育总体实施方案。在维度划分上,方案要明确高校劳动教育的理念、目标、内容、课程安排、劳动实践活动安排、劳动教育过程的组织与管理以及考核评价方式等内容。在阶段划分上,高校劳动教育的整体规划要基于学生的年段特征和阶段性教育要求,研究制订学校各年级学年(或学期)劳动教育计划,并且对学年、学期劳动教育实践活动做出具体安排,特别是要围绕创新创业,结合学科专业来规划好劳动月、劳动周等集体活动,进一步细化国家的有关要求,使总体方案的维度和阶段两方面内容相互衔接、相互配合,形成全面实施劳动教育的可持续方案。①

(二)构建长效运行机制

在实施方案的基础上,学校从运行机制的完善、条件保障的加强、共育体系的构建等方面,积极构建能够保障劳动教育开展的长效机制,改变临时性、随意性等非连续性的劳动教育模式,科学制订实施劳动教育的指导意见,让劳动教育真正融入高校教育教学的全过程,为具体实施劳动教育提供科学的方向引领,全力推进新时代高校劳动教育的实施和开展。②

(三)明确劳动教育重点

值得注意的是,高校在制订劳动教育规划时要着重处理好理论学习与实践锻炼的关系。劳动教育是高校人才培养体系中的一部分,理论学习与实践锻炼都是高校劳动教育必不可缺的内容。理论学习重在让学生掌握劳动科学知识,深刻理解马克思主义劳动观和社会主义劳动的关系,树立正确的择业就业创业观,为行动提供正确的指引。实践锻炼重在培养将所学的知识、方法运用于实际的能力,从个人的生活劳动习惯,到集体居住的环境保持,再到与学

---

① 教育部关于印发《大中小学劳动教育指导纲要(试行)》的通知[EB/OL].(2020-03-26)[2021-03-01].http://www.moe.gov.cn/srcsite/A26/jcj_kcjcgh/202007/t20200715_472808.html.
② 宋紫月.论新时代高校劳动教育的内涵、价值及发展策略[J].新西部,2020(18):149-151+98.

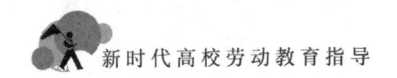

科知识相关的生产劳动,或者是投身公益性的义工志愿者服务等方面,都需要实践操作。[1]因此,高校在规划劳动教育时,要做到二者兼顾,不仅要注重劳动教育的价值引领,帮助学生掌握相应的劳动知识、树立正确的劳动观念、全面提升劳动素养,还要保证每个学生都有必要的劳动实践经历。高校劳动教育不能只是口头上喊劳动、课堂上讲劳动,更要在实践中去践行劳动。

二、完善运行机制

完善劳动教育的各项运行机制是劳动教育工作顺利开展的重要保障,是学校层面最核心的职责。学校要从组织管理、课程建设、安全保障、监测评价等层面建立完善的运行机制,以此推进本校劳动教育高质量发展。

(一)建立组织管理机制

首先,高校在建立由党委统一领导,负责人主管、各部门齐抓共管、协同联动和密切配合的领导体制,明确各部门、人员的工作职责的前提下,确保劳动教育得以高效开展。其次,建立系统科学、分工明确的新时代高校劳动教育组织实施的工作制度,学校组织各院系、教师切实将劳动教育融入高校教育教学的环节中,推动劳动教育进课堂、进教材、进头脑。[2]再次,完善劳动教育的督导机制,改进督导方法。学校设置专门的督导机构对各院系劳动教育课程开展的有效性、实践活动组织的有序性、教学指导的针对性等进行监督与指导,并且公开督导结果,作为衡量各院系劳动教育质量的重要指标,以确保劳动教育高效保质地开展。最后,健全劳动教育的保障机制。高校应从师资队伍、资金投入、物质支持三个方面为劳动教育提供条件保障。此外,高校还可以通过

---

[1]王晓青.新时代高校劳动教育:意义、问题、原则与路径[J].淮阴师范学院学报(自然科学版),2021,20(2):151-155.

[2]董伟武,龚春宇.新时代高校劳动教育探讨[J].学校党建与思想教育,2020(24):26-28.

调动学生、家庭、社会的力量形成各方协同育人的机制,为高校劳动教育的高效、长久开展提供形式不一、内容丰富的资源保障。

(二)完善课程育人机制

课程是专业建设的核心内容,是人才培养的基本要素。完善的学校课程体系有利于指导各院系开设针对性的劳动教育课程,引导教师进行科学合理的劳动教育课程教学,帮助学生系统专业地学习劳动知识。因此,高校应按照中共中央、国务院关于在大中小学设置劳动教育课程的具体要求,完善高校劳动教育的课程育人机制,以保证高校劳动教育课程的顺利开展。

首先,保证劳动教育课程的开设。课程应包括必修课程和选修课程,并规定相应的学时、学分。

其次,确立课程目标。高校劳动教育的课程目标应根据《大中小学劳动教育指导纲要(试行)》要求确立,通过劳动教育,使新时代大学生牢固树立劳动最光荣、劳动最崇高、劳动最伟大、劳动最美丽的观念,具备满足生存发展需要的基本劳动能力,养成热爱劳动、砥砺奋进的劳动精神,形成良好的劳动习惯和品质。

再次,规范课程的内容。高校可以通过编制高校劳动教育大纲、教材等方式规范劳动教育课程的内容。例如,高校劳动教育大纲的制定必须贯彻党和国家的相关规定,坚持正确的政治方向,课程内容应以马克思主义劳动教育观为引导,围绕新时代大学生劳动价值观、劳动态度、劳动习惯、劳动技能等内容展开。另外,创新课程教学方式。高校可根据所处地区、学校的具体情况,围绕创新创业,结合学科专业特点,广泛开展实习实训、社会实践、志愿服务等各种形式的劳动教育课程,做到课堂讲授与课外实践相统一,校内与校外相配合,动脑与动手相结合。

最后,完善课程教学质量考核体系。教学质量的考核是检验教学效果的标尺,它的好坏对教学效果有着重大的影响。因此,高校要完善课程教学质量考核体系,建立学生劳动素养评价制度,将学生劳动教育课堂表现与劳动教育实践活动表现等要素都纳入综合素质评价体系,并把劳动素养评价考核结果作为学生评优评先的重要参考和毕业依据。

(三)构建安全保障机制

劳动教育是以实践育人的教育,高校劳动教育的重要形式就是组织学生参与实践活动,包括实习实训、社会实践、公益活动等,学生在参与这些实践活动过程中,安全问题尤为重要。高校应强化劳动安全意识,建立劳动教育安全保障机制。一是加强学生日常安全教育。学校可通过开设安全教育课程、组织安全演练等方式来提高学生安全意识,让学生掌握基本的安全防护知识。[1]二是做好劳动实践安全防护。学校在安排学生参与劳动实践活动时应根据学生的身心发展特征,切实关注劳动任务及场所设施的适宜性,合理安排劳动的时长与强度;科学评估劳动实践活动的安全风险,做好安全管理,认真排查、清除学生在劳动实践中的各种隐患;准备充足的劳动防护工具和一些简单的医疗用品,在条件允许的情况下,可以在大型实践活动现场配备一定的医护工作人员,切实保护学生身心健康。三是完善学校保险体系,在学生外出参与生产劳动或服务性劳动实践活动中,为学生购买必要的意外伤害保险,并鼓励学生购买必要的健康医疗保险,为学生安全提供一定保障。

(四)健全监测评价机制

教育承载着培养社会主义建设者和接班人的重要使命,如何对高校开展劳动教育的情况进行考核和评价,提出反馈意见,采取有效措施,正确有效地

---

[1]梁琴琴.新时代高校劳动教育研究[D].西华师范大学,2020.

指导劳动教育的实施开展,提升劳动教育质量,建立健全高校劳动教育监测评价机制是关键。

首先,细化劳动教育评价目标。高校应综合研判其劳动教育内外部形势,围绕劳动教育整体规划,多维度分阶段构建不同专业领域的劳动教育分项目标。从劳动教育培养目标与培养效果的达成度、人才培养目标与国家和地方经济社会发展需求的适应度、劳动教育教师与教学资源条件的保障度、劳动教育教学和质量保障体系运行的有效度、学生在劳动方面的表现与社会用人单位满意度等五个方面分别设置劳动教育评价目标。[1]在阶段划分上,可以5年或3年为一个总体目标,再分别设定年度目标、学期目标、月目标;还可以根据已有各维度目标,设定阶段目标的考核指标。

其次,跟踪劳动教育评价过程。良好的评价机制不是一成不变的,评价过程需要有专门的机构、专业的教育管理人员对劳动教育评价的具体实施情况进行跟踪监测,及时发现实施过程中偏离具体目标的情况,综合分析问题产生的原因,收集各院系、老师、同学有关劳动教育评价实施过程中的问题与建议,全方位跟踪评价过程,全面了解实施情况。

最后,完善劳动教育评价举措。劳动教育的全过程评估不仅要突出现有问题,更要探究导致问题产生的原因,从根本上提出解决问题的办法,真正落实保障劳动教育评价的相关举措。高校要建立健全劳动教育监测过程中问题解决的保障机制,多渠道集思广益,逐一解决问题,在解决问题中完善高校劳动教育评价体系,实现劳动教育规划的既定目标。[2]

---

[1] 刘向兵,等.新时代高校劳动教育论纲[M].北京:社会科学文献出版社,2019.
[2] 杨丹.新时代高校劳动教育实践的问题与对策研究[D].华南理工大学,2020.

三、加强支持保障

任何教育都需要条件支撑,劳动教育的开展也需要多种条件的有力配合。为保证劳动教育的有效开展,学校层面需要在人、财、物三个方面给予保障。

(一)加强师资建设

百年大计,教育为本;教育大计,教师为本。教师是学生的引路人,一支有深厚劳动情怀、道德情操、扎实知识和仁爱之心的教师队伍,是高校劳动育人有效开展的重要保障。首先,成立跨学院、跨学科的公共性劳动教育教研团队,研究不同学科专业背景下劳动教育实施的目标和任务,以此指导院系劳动教育工作的开展。其次,建立专兼职相结合的劳动教育师资队伍,配备必要的劳动教育专任指导教师,聘请有实践经验的社会专业技术人员、劳动模范等担任兼职教师,有计划培养和补充劳动教育的师资队伍。再次,开展劳动教育教师培训,强化高校教师的劳动意识、劳动观念,提升实施劳动教育的自觉性;对承担劳动教育课程教师定期进行培训,提高教师专业化水平。最后,建立健全劳动教育教师工作考核体系,完善评价标准,打通职称评聘通道,确保考核评价科学、公正,保障劳动教育的任课教师与其他专任教师在绩效考核、职称评聘、评先评优等方面享受同等待遇。

(二)加大经费投入

资金投入是劳动教育顺利开展的物质保证,经费不足会严重阻碍劳动教育的可持续发展。因此,要保障劳动育人的实效性,高校要加大资金投入,确保每学年有专项经费投入到劳动教育的工作开展中,助力劳动教育的课程建设、教师培训、基地建设、评优表彰等方面常态化发展。同时,高校还可以采取多种形式筹措资金,比如联合政府、企事业单位、知名校友等组织,吸引社会各方力量的捐赠,为劳动教学设施设备的日常更新保养和维护提供资金保障,保证教育教学设施设备满足师生需要。

(三)提供物质支持

物质支持也是劳动教育顺利开展的重要保障。包括为各学院学科发展提供相应的教学设施、设备、器材、场地;为学校师生的劳动教育课堂提供充足的书籍和音像资料、教学器材,为劳动教育实践活动提供校内、校外的实践场所;为教师的专业发展提供物质支持,如为教师的劳动教育培训和劳动教育科学研究等提供场所、工具等支持。

四、构建共育体系

学校不是开展劳动教育的孤岛,劳动教育从来不只是高校一方的职责,因此需要打破以往高校教育相对自我封闭的状态,积极构建学生、家庭、学校、社会四方联动、协同育人的整合机制。提升高校劳动教育的效果,要充分调动高校学生参与劳动教育的积极性,并且以高校作为主阵地,发挥其在劳动教育中的关键性和主导性作用,同时也要发挥家庭劳动教育和社会劳动教育的协同推进作用,互相取长补短,推动劳动教育效益最优化。

(一)调动学生参与劳动教育的主动性

高校学生参与劳动教育的主动性是影响劳动教育实施效果的重要内在因素,因此,学校劳动教育应从提升学生参与劳动教育的主动性出发,激发学生从内至外的劳动主动性。

首先,引导学生树立正确的劳动观念。正确的劳动价值观引导着学生的正确的劳动实践行为,高校应通过开设劳动教育理论课堂、举办劳动实践活动,让学生理解劳动的重要性,向学生传递劳动最光荣、劳动最崇高、劳动最伟大、劳动最美丽的劳动价值观,唤醒高校学生对劳动的热情和兴趣,愿意主动了解劳动教育知识、参与劳动实践。

其次,帮助学生掌握熟练的劳动技能。掌握熟练的劳动技能能够帮助学生理解劳动教育理论知识、提高适应社会的能力。因此,高校应为学生创建良好的教育平台,通过开设不同专业的各类实践课程、创办各类实践基地、举办各类比赛等方式,使学生能够根据专业的特点完善劳动技能培育,逐步熟练自身的劳动技能,并且加深对劳动教育知识的掌握和劳动教育理论的理解。

最后,鼓励学生参与劳动实践锻炼。劳动实践锻炼能够将学生的劳动认知转化为实际的劳动行为和习惯,并且能够使学生在具体的劳动中形成积极的劳动精神和品质。因此,高校应加大投入力度,丰富拓展劳动教育实践场所,为学生提供丰富的学习资源、良好的实践情境。同时,在实践过程中要采取各种激励机制引导学生在实践锻炼中增强感知体悟,激发劳动实践锻炼的欲望,进而使学生在实践中养成自觉自愿、坚持不懈、吃苦耐劳等劳动品质。

(二)发挥家庭在劳动教育中的基础作用

家庭是人生的第一所学校,家长是孩子的第一任老师,家庭教育是人才培养的奠基工程,家庭在劳动教育中也发挥着奠基作用,对子女的教育有着巨大影响。然而,就当前状况来说,高校学生大多为独生子女,在他们进入大学之前,家长承担了子女生活中很多方面的劳动,造成子女劳动能力的弱化,将子女培养成了"衣来伸手,饭来张口"的单向度发展的人。因此,在高校劳动教育开展过程中,要将家庭纳入其中,充分挖掘并发挥家庭所承担的育人功能,帮助学生树立正确的劳动观念,促使他们养成良好的劳动习惯。高校应该和家庭建立共育共治机制,可以通过QQ、微信群、公众号等方式向家长推送高校有关劳动教育的理念和方式,或者对家长开展定期培训,增加劳动教育知识,掌握多样劳动教育方法,承担教育子女的职责,以更适合子女成长的方法教育孩子尊重和热爱劳动,从而营造一种和谐向上的家校劳育氛围。此外,高校还可以通过新型社交媒体平台与各个家庭建立线上联系,积极沟通,动态掌握学生在生活中的实际劳动表现,并予以考核评价,与学生的综合素质评价以及评优、评先相结合。

(三)重视社会在劳动教育中的支撑作用

社会是一个复杂的有机体,是不同团体、个人获取经验、交往交流的重要场所,同时也汇集了各种丰富的资源。要保证高校劳动教育的持久开展,高校就必须充分调动社会各方的力量与资源,发挥社会对教育的支撑作用。

首先,争取企事业单位的广泛参与。高校应积极调动社会企事业单位力量,加强学校与社会企事业单位之间的合作,充分利用其独特的优势。一方面,可以与企事业单位协商合作,共享开放实践场所,为学校提供劳动实践平台和实习场地;另一方面,高校可以通过融洽企事业单位与学校的人才培养模式,为高校学生提供就业创业平台。比如,学校可以通过产教融合的方式加强和企事业单位联合,把产业与教学密切结合,相互支持,相互促进,为大学生提供多样化的实习实践环境条件和一线生产管理实践岗位,帮助大学生深入一线了解社会,加强劳动技能,提升劳动素养。[1]总之,争取企事业单位广泛参与学校的劳动教育能够为青年大学生提供丰富生动的现场劳动教育,使他们通过劳动现场的切身感受理解劳动和劳动者的意义和伟大,在敬佩中树立起正确的劳动价值观,为以后走向社会、成为合格乃至优秀的劳动者奠定坚实基础。[2]

其次,充分利用工会、共青团、妇联等群团组织在劳动教育中的独特力量。工会是职工群众组织,它和劳动和劳动者有着天然的联系,高校可以主动联系

---

[1] 杨劲松,王丹,陈其晖,等.新时代加强高校劳动教育实践路径研究[J].中国高等教育,2021(9):7-9.
[2] 刘向兵,等.新时代高校劳动教育论纲[M].北京:社会科学文献出版社,2019.

工会使其充分发挥它独特的人才优势,积极推进劳模、大国工匠和先进人物进校园,用现身说法的榜样教育法,弘扬积极的劳动精神;共青团作为青年群体组织,和青年学生联系密切,具有教育青年的独特优势。高校应充分利用本校、本地区共青团的优势,积极配合其开展适合青年特点的、多种形式的劳动教育,如鼓励积极劳动的公益活动;妇联是联系广大妇女群众的组织,妇女在家庭和社会中都起着重要的作用,尤其是在家庭教育方面起着关键的作用。高校可以将自身的育人优势与妇联动员、组织妇女的优势相结合,定期组织家庭妇女培训,提升他们的劳动教育意识,增长劳动教育知识,掌握劳动教育方法,搞好对孩子的劳动教育。

最后,整合媒体资源,加大宣传力度。在信息化时代快速发展的今天,新时代互联网的高速发展,主流媒体的快速运行,是加强劳动教育宣传力度的最好机遇。因此,高校应该善于整合社会媒体资源,利用线上和线下两种形式加大对劳动教育的宣传力度,营造良好的舆论环境。新媒体具有传播速度快、门槛低、方式新颖等优势,如果将其作为高校劳动教育的宣传途径,对劳动教育的政策、目标、内容、方法等进行宣传,对具有劳动教育意义的故事进行报道,社会、高校、家庭、学生对于劳动教育的理解与重视度必定会大大提高,使劳动教育深入人心。此外,在做好线上宣传工作的同时,也要将线下的推广行动落到实处。高校可以采取定期组织学生参观劳动模范的展览馆或纪念馆的方式使学生了解人物的先进事迹,理解其优秀品质,在达到宣传效果的同时也能让学生感同身受,从而将榜样人物的高尚品质内化于心,外化于行。此外,高校也可以发动文艺界的力量,发挥其爆发式的宣传功能,组织文艺演出进校园等活动,让高校学生亲身接触一些反映劳动精神与风貌的优秀作品,引导青年学子树立正确的劳动观念,养成勤俭节约、敬业奉献、开拓创新、砥砺奋进的新时代劳动精神。

第二节

院系层面的实施职责

学校在对劳动教育的开展进行顶层设计、组织规划之后,高校劳动教育能否有效实施,效果如何,关键还在于院系层面。院系作为大学生劳动教育的直接领导者和推进者,承载着劳动课程建设和劳动实践组织等任务,是劳动教育开展与实施的前沿阵地。在劳动教育开展过程中,院系层面的实施职责主要表现为从培养方案、课程建设和条件建设三个方面入手,依靠学校已有资源与平台,形成科学合理的育人机制,从而引导学生树立正确的劳动观念、掌握必备的劳动技能、养成良好的劳动习惯和品质,全面提高学生劳动素养,实现知行合一,促进学生形成正确的世界观、人生观、价值观。

一、修订培养方案

劳动教育的实践性使其区别于传统的知识教育和实践教学,其改革和推进绝不是院系在专业人才培养方案中简单开设两门课,更不是老师在某门课程中单纯讲两节课,告诉学生什么是劳动教育就可以实现的。相反,院系层面要结合人才培养定位,推进劳动教育进入人才培养方案,将劳动教育贯穿于人才培养和学生发展的全链条和全环节,构建完整的劳动教育育人体系。

(一)将劳动教育融入人才培养方案

院系层面要将劳动教育主动融入培养方案的培养目标和毕业要求中,建构德智体美劳全面发展的人才培养目标体系。高校劳动教育的最终目的是让大学生有创造未来美好生活的能力,这种能力需要知识、能力和情感的共同加持。因此,新时代高校劳动教育的目标应从认知、情感、动作技能三个维度进行强化。具体而言,就是要培育劳动观念、端正劳动态度、养成劳动习惯、增强劳动情感、增长劳动知识、提升劳动技能,培养具有劳动知识、劳动技术素养、劳动精神、劳模精神、工匠精神,能够辛勤劳动、诚实劳动、创造性劳动的社会主义建设者和接班人。[①]为此,院系层面在修订培养方案时,要摈弃对劳动教育目标的狭隘化、功利化认识。要结合新时代社会发展需要和教育规律,循序渐进地设定融劳动价值观塑造和劳动知识与技能、劳动精神、劳动习惯与品质培养为一体的劳动教育目标观。以劳动价值观的塑造作为劳动教育的长远性目标,夯实新时代大学生的敬业精神、合作精神、奋斗意识、责任意识等优良劳动素质的培养,在此前提下依次进阶,设计劳动意识培养目标、劳动精神培养目标、劳动能力培养目标,切实提高新时代大学生劳动意识与能力。

将劳动教育融入人才培养目标体系后,院系层面要按照劳动教育所要实现的知识、能力和素质要求,架构劳动教育的课程体系,设置适当的课时学分。《大中小学劳动教育指导纲要(试行)》提出:普通高等学校要将劳动教育纳入专业人才培养方案,明确主要依托的课程,可在已有课程中专设劳动教育模块,也可专门开设劳动专题教育必修课,本科阶段不少于32学时;课程内容应加强马克思主义劳动观教育,普及与学生职业发展密切相关的通用劳动科学知识,并经历必要的实践体验。为此,院系层面需要结合自身人才培养目标和专业培养特色,明确本专业开展劳动教育的主要依托课程,构建包含理论知识学习和实践技能训练的劳动教育课程体系,设置相应的学时和学分。课程设置后,院系层面要组织教师修订劳动教育依托课程的课程大纲,结合专业教育在具体的课程实施中设定劳动教育内容和任务。

---

① 徐长发.新时代劳动教育再发展的逻辑[J].教育研究,2018,39(11):12—17.

二、加强课程建设

在高校劳动教育中,不同院系课程建设的侧重点不同。如承担公共课教学任务的马克思主义学院,要加强思想政治理论课和大学生就业指导课等公共课建设,注重马克思主义劳动观的学习和劳动精神的培育;承担专业课教学任务的学院要注重结合专业人才培养目标,明确劳动教育依托课程和实践渠道,加强课程建设,注重学生劳动知识学习、劳动技能训练和劳动价值观塑造。

(一)加强思想政治理论课建设

思想政治理论课要用马克思主义劳动观解读劳动精神,从理论上阐释和阐发劳动创造世界、创造历史和人本身的理论根源,让学生理解劳动创造价值,劳动是财富和幸福的源泉,是实现人的全面发展的重要途径。思想政治理论课在高校劳动教育课程体系中居于重要地位,发挥着铸魂领航的重要作用。高校劳动教育与思想政治教育的目标具有同向性,内容具有关联性,将劳动教育与思想政治教育相融合,深入挖掘课程内容和教学方式中蕴含的劳动教育资源,有利于加强"活性劳动知识"的学习,强化劳动教育的道德引领和精神塑造,帮助学生塑造和培养正确的劳动价值观、劳动态度、劳动品德,努力成为德智体美劳全面发展的社会主义建设者和接班人。思想政治理论课要充分发挥自身育人的主渠道和主阵地作用,充分挖掘课程中蕴含的劳动精神实质和元素,从哲学、历史、伦理道德、中外比较等多方面促进劳动教育与思想政治教育的融合创新,形成德育与劳动教育的协同效应。学院要深入研究劳动和劳动教育在马克思主义理论体系和中国特色社会主义理论体系中的地位,学习习近平总书记关于劳动的重要论述,通过课程教学,让学生深刻认识劳动的重要价值,理解劳动与人类社会发展、与中华民族伟大复兴、与劳动者个人幸福之间相互统一的辩证关系,让劳动最光荣、劳动最崇高、劳动最伟大、劳动最美丽

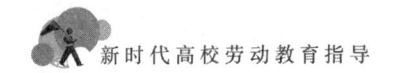

的价值引领内化于心、外化于行。①

(二)加强劳动教育依托课程建设

承担专业教学任务的院系要促进劳动教育和专业教育相结合,加强专业教育中劳动教育主要依托课程的建设。劳动教育和专业教育具有内在的一致性和统一性。一方面,专业课程学习本身就是一种精神劳动,学习过程本质上就是劳动教育。另一方面,专业教育的最终目标也符合劳动的根本需求。为此,院系层面首先是要拓宽专业视野,切实推进劳动教育与不同学科的融合。在专业课程教育中,到处都是劳动教育资源。例如,在人文社会科学领域,古代文学教材中有很多关于劳动的记述,诸子百家中也有很多关于劳动的观点。教师在课堂中一边分析这些作品一边穿插古代劳动观,不仅有助于学生对作品本身的理解,也有助于学生把握古代社会的劳动观。②在自然科学领域,真实的科学研究,如理科的物理学实验、化学实验、数量统计成为毫无疑问的劳动,天文观测、地质勘探等也具有明显的劳动特点,在工科中机械、电气、建筑、数理等应用研究技术和工艺都是劳动教育和自身专业相结合的生动实践。院系层面要通过基层教学组织中的课程教学研讨,将劳动教育融进专业课程教学,通过发掘教材本身所具有劳动教育的元素,在实施专业教学的同时,潜移默化地培育学生的劳动观念、劳动意识和劳动习惯。同时,劳动意识、劳动人权、劳动伦理、劳动关系、劳动条件、就业平等、社会保障、员工福利、工作安全卫生、劳动法和劳动职业生涯发展教育等相关内容也要融入专业教育中,为学生提供完整、系统的劳动教育。

---

① 刘向兵,赵明霏.构建新时代高校劳动教育体系的理论逻辑与实践路径——基于知识整体理论的视角[J].中国高教研究,2020(8):62-66.
② 郑银凤."90后"大学生劳动观教育研究[D].成都:西南交通大学,2016.

（三）拓宽劳动教育实践渠道

一是要加强专业实践类课程建设，在专业实践活动中强化劳动实践。专业性的实践活动本身就是一种劳动实践活动，是开展新时代大学劳动教育的主要阵地。在专业性实践课程中发挥"以劳树德、以劳益智、以劳健体、以劳育美"的教育机能，是培养德智体美劳全面发展的社会主义建设者和接班人的主要途径。首先，优化专业实践教学体系，加强劳动教育与实验、实习和实训等教学环节的融合，建立科学的实践教学课程体系。根据相关专业教育质量国家标准和培养要求，整合相关行业企业专业人才的岗位标准，开设与行业特点、创新创业和就业密切相关的实践教学课程。通过课程实践重点提升学生的专业性劳动知识和劳动技能。其次，规范实践教学管理，完善各项实践教学规章制度。一是建立实验教学规范、实习实训教学标准，促使学生结合专业知识的学习提升创新精神、创业意识和创新创业能力。二是要加强社会实践类课程建设，在社会实践活动中强化劳动实践。社会实践更加注重知识在社会生活中的应用和发展，把教育与生产劳动和社会实践结合起来是马克思主义劳动观的进一步丰富和拓展。在社会实践过程中，学生的劳动观念和理论知识得到进一步验证、运用和发展，所以，加强社会实践课程建设更具有时代性和现实性。具体而言，一方面要把劳动教育融入社会实践。大学要积极组织以弘扬劳模精神和工匠精神为主题的讲座、论坛、沙龙，开展以"劳动"为主题的演讲大会、摄影比赛等活动，传播劳动精神、劳模精神和工匠精神。定期举办劳动技能比赛，让学生积极参与其中，感受劳动的乐趣。另一方面，将劳动教育与志愿者服务相结合。通过开展"暑期三下乡""社会志愿者服务""青年志愿者智力指向小分队""青年乡村创客"等志愿者活动，培育学生的公共服务意识和主动作为的奉献精神。同时，积极创作以模范工人故事汇、模范工人事

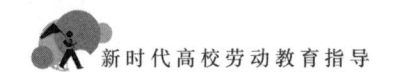

迹巡演、青年劳动之声等劳动教育为主题的优秀网络文化作品,不断扩大网络的积极能量,弘扬劳动的主旋律。①

三、强化条件建设

高校劳动教育的实施离不开院系层面切实的资源支持和条件保障,院系层面同样需要加强劳动教育的条件建设,强化支持保障。院系层面尤其是要结合本单位人才培养实际,强化劳动教育所需要的师资、场地、设施等资源支持,进行合理规划和统筹安排,为劳动教育的实施创造必要条件。

(一)强化劳动教育师资队伍建设

劳动教育师资队伍在整个劳动教育的体系构建、工作组织和具体实施过程中居于主导地位,其水平和修养对于高校劳动教育的组织实施具有十分重要的意义,甚至在一定程度上决定着劳动教育的成效。因此,院系层面要结合自身专业特色和师资情况,强化劳动教育师资队伍建设,结合专业的劳动教育课程,遴选一支劳动教育师资队伍,明确授课教师应具备的知识与能力。具体而言,这支队伍首先应树立马克思主义劳动观,具备一定的劳动理论水平和实践指导能力。教师应全面掌握马克思主义劳动观的精髓和实质,同时,指导大学生理解马克思主义劳动观、明确劳动的价值和意义,明白为什么要劳动,在专业成长中如何进行有效劳动。其次,这支队伍要具备分析解决劳动教育中相关问题的能力,对于大学生在劳动过程中出现的问题和难点能够给予正确分析、讲解和指导。再次,这支队伍还应熟悉劳动教育相关政策,指导学生树立创新性劳动、创造性劳动的理念,并在劳动实践中实施。②此外,这支队伍还

---

① 刘丽红,战帅.以社会实践和志愿服务为载体 推进新时代高校劳动教育落地生花[J].北京教育(德育),2019(4):84-88.
② 郑银凤."90后"大学生劳动观教育研究[D].成都:西南交通大学,2016.

要具备劳动教育课程教学能力。按照课程要求,上好各类劳动教育课,指导学生增强劳动意识,端正劳动态度,增强劳动能力,重视发现劳动实践过程中的好榜样,做好学生在劳动过程中的宣传思想教育工作。

(二)强化劳动教育实践基地建设

院系层面要积极推进产教融合和校企合作,充分利用现有实践教学基地开展专业性生产劳动,逐步建好配齐劳动技术实践教室、实训基地,丰富劳动教育资源。新时代背景下,劳动教育的内涵呈现出新的特点,教劳结合既强调劳动富有教育意义,又强调提升教育的活力。当务之急,院系层面应努力拓展和创新劳动教育的实践平台,让学生正确运用马克思主义劳动观点,实现劳动理念认知和劳动行为实践的集中统一。一方面,学校作为马克思主义劳动观教育的主阵地,应将劳动教育与学生的日常生活和专业学习相结合,建好配齐专业实训场所,在校内打造院系层面的劳动育人实践平台,营造劳动育人的浓厚氛围。另一方面,社会为劳动教育提供最大的实践资源。院系层面要结合自身专业特色和当地实际与社会需求,引导学生广泛开展社区服务与公益劳动、兴趣活动与创新创业、工农业生产劳动。只有通过校内外协调联动的实践平台,构建科学合理的劳动实践平台,才能启发学生准确地将马克思主义劳动观运用于现实生活,在劳动实践中不断领略劳动的幸福和美丽,从根本上实现马克思主义劳动观教育的价值旨归。[1]此外,还应充分利用好学生课外实践活动。在各个高校中,学生往往根据兴趣和意愿选择适合自己的课外实践活动,如社团活动、报告论坛、科技活动等。这些活动以学生的兴趣为起点,与学生生活紧密相连,并且蕴含着丰富的劳动教育因素。各院系要结合专业特色和自身实际,积极筹办各种学科竞赛和论坛活动,在各种劳动教育主题活动的筹

---

[1] 黄黎明,顾春华,马前锋.我国劳动教育发展的时空转向与未来展望[J].职业技术教育,2020,41(10):6-12.

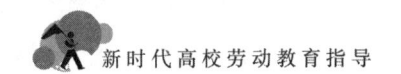

备、组织、开展中融入劳动教育内容,让学生既受到劳动价值观的熏陶,又能提高劳动水平。

院系是高校开展学术活动的重要阵地,劳动教育实施过程中的诸多矛盾与问题,都会在院系实施过程中显现并最终在院系层面得以解决。院系最了解劳动教育发展的现状及实施过程中的优势与劣势,洞悉劳动教育的发展方向和实现途径。[①]因而劳动教育的推动与实施需要院系层面每一位教育工作者的努力。

[①] 张德祥,李洋帆.二级学院治理:大学治理的重要课题[J].中国高教研究,2017(3):6-11.

第三节 教师层面的指导职责

高校劳动教育开展依托学校建设和院系保障,要在学校、院系提供的优良平台和学生积极参与之间搭建桥梁。高校教师作为教书育人的一线人员,是连接校院工作和学生工作的纽带;作为学生成长的引路人,承担着指导学生思想观念、专业学习、社会实践和未来发展等多方面的职责。在劳动教育开展过程中,高校教师指导职责主要表现为引导学生树立劳动价值观、教导学生掌握劳动技能、促进学生涵养劳动情怀,从知识、技能、情感等多个角度全面指导学生形成良好的劳动品质。

一、引导学生树立劳动价值观

高校教师肩负教书育人的崇高使命,需要准确把握社会主义建设者和接班人的劳动精神面貌、劳动价值取向和劳动技能水平的培养要求。教育要引导学生崇尚劳动、尊重劳动,懂得劳动最光荣、劳动最崇高、劳动最伟大、劳动最美丽的道理,高校教师首先要提升自我劳动教育认知,为教育学生做好知识准备。一方面,高校教师要提高劳动教育意识,在思想上充分认识劳动教育的重要作用,认识劳动教育的不可替代性,同时自身不断增强服务意识和社会责任感,提高探索创新精神和解决问题的实践能力,夯实在劳动教育开展过程中做好学生思想教育和实践指导工作的基础,最大限度发挥劳动教育的综合育人作用。另一方面,高校教师要探索开展劳动教育并指导学生参与和实践劳动的方式和途径,根据社会需求、培养条件和指导能力,合理安排自身的工作时间,投入足够的时间和精力进行劳动教育指导,要以思想教育为引领,以专业课程学习为基础,分阶段、分类型精准落实劳动教育,按照学生成长规律和社会发展需要向学生传授劳动知识、劳动技能,让学生充分认识和理解劳动的内涵,并引导学生树立正确的劳动价值观,培养学生劳动观念、劳动习惯,提高学生劳动品质、劳动素养,最终实现学生全面发展。

(一)在学生日常管理中渗透劳动教育,深化学生劳动认识

教师要通过言传身教、劳动主题教育、劳动教育经典书籍导读以及开展学生活动等,潜移默化地引导学生摒弃"仅把劳动视为获取物质福利手段"的错误观点。引导学生继承中华民族勤俭节约、敬业奉献的优良传统,形成热爱劳动、尊重劳动、诚实守信、吃苦耐劳的劳动习惯和品质。强调在劳动创造中感受幸福,激发新时代大学生从被动接受到主动参与劳动创造的兴趣热情,引导他们主动将劳动教育外在工具价值与内在终极价值、个人发展成长与国家富强进步有机结合统一,最终实现劳动观念内化于心,劳动行动外化于行的劳动教育的个体自觉。[1]

(二)将劳动教育与思想政治理论课程相结合,增强学生思想底蕴

思想政治理论课程作为高校进行思想政治教育的主要渠道,是引导学生树立正确劳动价值观的关键载体,课程内容凸显了劳动教育的基础性、贯通性、时代性和价值性。[2]教师在教学中既要着重强调马克思主义劳动价值观,帮助学生从思想源头认识劳动创造世界、创造历史和创造人本身的历史唯物主义观,理解劳动是人的本质、是人全面发展的重要途径的唯物史观;也要系统学习毛泽东思想、邓小平理论、"三个代表"重要思想、科学发展观和习近平

---

[1] 陈阳.新时代高校劳动教育实施路径探析[J].教育理论与实践,2020(36):16-19.
[2] 张威.劳动教育融入大学生思想政治教育的价值及启示[J].中国高等教育,2020(20):36-38.

新时代中国特色社会主义思想理论体系中关于劳动的重要论述,结合中国历史发展和当今时代变革阐明劳动在中国发展中的推动作用,帮助学生深刻理解马克思主义劳动观和社会主义劳动关系,树立劳动最光荣、劳动最崇高、劳动最伟大、劳动最美丽的观念。

(三)将劳动教育融入专业课程教学,增长学生劳动知识

专业课程是高校学生在校学习的核心内容,通过专业课程能够培养具备专业知识和技能的人才,并将他们输送到社会发展所需的各个岗位。虽然课程种类多样,但课程内容都具有劳动属性。一方面,课程内容本就涉及劳动技术的科学原理、劳动技能的具体流程、从事某种劳动所需的基本要求等。另一方面,各个专业也具有实践操作的相关内容,例如自然科学学科的实验研究能够让学生掌握某一事物的内在机理和运作方式,增强学生的创新创造能力;人文社会学科的社会调查能够让学生了解社会发展现实,加强学生的社会认同感和责任感等。因而教师在教授专业知识的基础上,需进一步落实《关于全面加强新时代大中小学劳动教育的意见》所提出的"其他课程结合学科、专业特点,有机融入劳动教育内容",充分发挥专业课程的劳动属性,以劳动育人为导向,自觉融入劳动元素,构建具有专业特色的劳动教育课程。

(四)在考核评价中纳入劳动教育内容,铸牢学生劳动意识

高校教师在工作过程应明确学生劳动教育的目标,并注重收集和汇总学生劳动教育过程的材料,强化学生劳动教育的日常评价,在时间纵向上形成长期的动态评价,在评价范围上形成劳动知识、技能和情感的综合评价,以评价引导和激励学生不断提高个人劳动素养。

二、引导学生掌握劳动技能

掌握劳动技能是学生自我发展与社会发展接轨的重要环节,学生只有熟练掌握劳动技能,才能将个人理想与现实社会发展有机结合。《关于全面加强新时代大中小学劳动教育的意见》指出,高等学校要注重围绕创新创业,结合学科和专业积极开展实习实训、专业服务、社会实践、勤工助学等,重视新知识、新技术、新工艺、新方法应用,创造性地解决实际问题,使学生增强诚实劳动意识,积累职业经验,提升就业创业能力。高校劳动教育的开展现已呈现课上课下、校内校外贯通的趋势,教导学生掌握劳动技能不局限于课程的理论学习,教师应创造机会和条件将理论转化为实践,并带领学生走进田间地头、车间工厂、基层社区并将劳动技能予以运用。具体而言,教师可以从以下四个方面教导学生掌握劳动技能。

(一)加强课程内容的实践性

首先,将课程内容与社会生活密切联系,注重基本原理与当代实践的互通互融,实现在理论中融汇生活、在生活中提炼理论。其次,运用探究式教学、项目式学习、研究性学习等方式方法开展课堂教学,以问题为线索,通过发现问题、分析问题,并引导学生提出新认识、新思路、新观点,创造性地解决问题,综合培养学生思维能力、实践能力、创新能力。再次,设计与课程内容相关的主题活动,运用演讲、辩论、模拟法庭、研讨会等多种形式与学生共同探讨真实问题。

(二)指导专业实习实训

实习实训是将专业理论知识和技能从"知道"转化为"运用"的过程,是培养学生专业能力与就业竞争力的教学环节[1],是高校学生直接参与劳动并熟悉

---

[1] 刘向兵.新时代高校劳动教育论纲[M].北京:社会科学文献出版社,2019:108.

未来就业岗位的主要方式。高校教师在实习实训中要从定目标、督过程、悟收获等多方面发挥指导作用。"定目标"即确定实习实训的目标和任务,让学生懂得参与实习实训的意义,让参加者有目的、有问题、有思考地学习;"督过程"是指教师要全程组织和监督,全面掌握实习实训情况,指导学生处理实习实训中遇到的疑难问题,推动实习实训工作顺利开展;"悟收获"即教师要指导学生总结问题、积累经验,让学生不仅通过专业教师指导和示范,熟练劳动技能,也能够通过劳动实践体会劳动的价值与意义。

(三)开展社会实践和志愿服务活动

教育要同生产劳动和社会实践相结合,高校结合学校办学实际为学生提供多样的社会实践和志愿服务活动,教师在其中扮演着倡导者、组织者、指导者和参与者等多重身份。教师作为倡导者,要积极号召学生参与社会实践和志愿服务活动,让学生了解活动内容,对社会实践和志愿服务产生兴趣并主动参与;作为组织者,教师在继承以往经验的基础上,要注重切合当代社会发展需要,深入基层社区、乡村地区以及其他需要关注的地区开展社会实践和志愿活动;作为指导者,教师需要明确活动的方向目标和实施流程,必要时为学生提供技能指导和其他支持;作为参与者,教师要全心投入社会实践和志愿服务活动,尤其要做好指导工作、管理工作和监督工作,让活动效果达到预期的意义与价值。

(四)鼓励学生参与创新创业

创新创业教育的重点内容是鼓励学生开展具有挑战性的劳动,传统劳动方式只能延续社会生产,只有具有挑战性的劳动才能改变社会生产,创新创业教育就是鼓励学生不断尝试创新劳动方式。[1]教师可以通过指导学生学习创

---

[1] 梅月平.实现劳动教育与创业教育的同力同行[J].人民论坛,2020(30):60-61.

新创业课程内容、申报创新创业类科研项目、参加创新创业训练计划、参与实际创业项目等多种方式,以劳动教育为基础,结合专业特点和社会需求,培育学生创新创业精神、训练创新创业思维,让学生认识到劳动的传统形态与新形态的关系,切实提升学生改造和创新传统劳动的意识,提高学生劳动创造力和劳动实践能力。

三、促进学生涵养劳动情怀

劳动教育的目的,在谋手脑相长,以增进自立之能力,获得事物之真知及了解劳动者之甘苦。[①]劳动教育在树立劳动观、掌握劳动技能的基础上,也要让学生关注劳动者群体,了解真实劳动者的故事,体会、学习并发扬劳动精神,涵养劳动情怀。这要求教师不仅要在专业知识和技能上给予学生支持,也要在培育学生劳动情怀上下功夫。通过舆论引导、氛围营造和榜样示范等途径让学生在耳濡目染中,深刻感受劳动者的真挚情怀;通过讲好劳模故事、发掘身边劳动故事、向劳动者致敬与学习,让劳模精神、劳动精神、工匠精神深入人心。

(一)向学生讲好劳动模范事迹

习近平总书记指出:"劳动模范是劳动群众的杰出代表,是最美的劳动者。劳动模范身上体现的'爱岗敬业、争创一流,艰苦奋斗、勇于创新,淡泊名利、甘于奉献'的劳模精神,是伟大时代精神的生动体现。"[②]劳模事迹具有较强感染力和说服力,通过劳模生动的形象,让其身上所体现出的劳动情怀入脑入心。教师要善于运用劳模事迹丰富教学内容,使知识技能学习和情感体验相融合;

[①] 陶行知.生活教育文选[M].成都:四川教育出版社,1988:33.
[②] 习近平.在知识分子、劳动模范、青年代表座谈会上的讲话[N].人民日报,2016-04-30(2).

策划劳动精神教育主题活动,例如设立劳动模范墙、开展主题展览、创立劳模文化活动室等,营造崇尚劳模精神的文化氛围;依托"网络育人",做好劳模精神网络宣传工作,借助网络丰富的资源使劳模精神的宣传及培育更为多样化、立体化、具象化。[①]

(二)注重发掘身边劳动故事

培育劳动情怀除了学习具有典型性和代表性的劳动模范事迹外,要引导学生发现身边的优秀劳动者,包括学校的管理人员、教师、学生、后勤人员等;引导学生在实习、实训、考察、调研中走进生产劳动一线,走进企业、社区、乡村,同广大普通劳动者交往、交流、交心,增进与普通劳动者的感情。[②]通过组织学生通过观察、采访、亲身实践等多种方式,了解劳动者的日常劳动、提炼优良的劳动品质、发掘身边的劳动故事,促进学生关注劳动群体,推动劳动教育落地生根。

(三)组织学生向劳动者致敬与学习

教师要善于运用先进集体、优秀群体和劳动者的精神和力量开展劳动教育。一方面,通过宣讲、展览和演出等形式,宣扬劳动者的优良作风和优秀事迹,引导学生进行观看和汇报,领会劳动精神;另一方面,结合实习实训、社会实践和志愿服务,组织学生参与其中,体会劳动情怀。教师既要切身指导和参与宣传活动,把握活动始终围绕"劳动""劳动精神""劳动情怀"等关键词展开,也要引导学生深入体会劳动者辛勤劳动、诚实劳动、创造劳动的优良品质,促进劳动情怀深入人心。

综上,劳动教育有效、优质开展的关键是高校教师要成为一支劳动素养过

[①] 吴沛东.当代大学生劳模精神认知状况分析与培育路径[J].思想理论教育,2018(11):102-106.
[②] 田鹏颖.高校劳动教育的本体价值和实施途径[J].中国高等教育,2020(15):6-8.

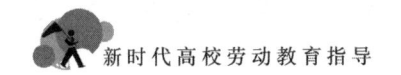

硬的队伍，推动劳动教育在课程中的全面融入，以及开发和建设专业的劳动教育课程。高校教师要坚持以马克思主义劳动观和新时代党对劳动教育的新要求为指导，强化对学生劳动观念的引导、劳动知识的传授、劳动技能的训练、劳动实践的指导和劳动情怀的培养，促使学生形成正确的劳动观念、具备必备的劳动技能、培育积极的劳动精神，让学生尊重劳动、热爱劳动、崇尚劳动。同时，教师在履行指导职责时也要兼顾全过程监督与评价，劳动教育评价的具体内容将在第四章详细阐述。

第四节

学生层面的学习职责

劳动教育是为学生全面发展服务的。劳动教育既能让学生不断认识和检验自己的能力和才干,逐渐理解劳动在自己未来生活中的地位和作用,并恰当地估价自己的力量和发展的可能性,[①]又能让学生通过树立劳动最光荣、劳动最崇高、劳动最伟大、劳动最美丽的观念,弘扬民族精神,发挥中华民族优良传统,成为担当民族复兴大任的时代新人。开展劳动教育不仅需要靠学校、学院和教师的支撑和指导,更需要学生自己履行学习职责,激发劳动主体意识,发挥劳动主动性、自觉性和积极性,汲取劳动知识,养成劳动习惯,锻炼劳动能力,领悟劳动精神,全面提升个人劳动素养。

一、主动汲取劳动知识

劳动知识是劳动教育的基础,通过掌握具体劳动知识,能解决实践问题,夯实劳动素养,提升知识基底。学生在校生活和学习中要主动获取劳动教育的相关信息,阅读劳动教育经典书籍和报刊,积极参与劳动教育活动,并及时做好总结汇报。劳动知识获取可以通过以下渠道。

(一)积极获取信息

学生可通过劳动教育专题讲座、课程研习、主题演讲等活动主动获取相关劳动知识信息。例如,通过学校官网、公众号、宣传展板、询问相关负责人等多

---

① 苏霍姆林斯基.论劳动教育[M].萧勇、杜殿坤,译.长沙:湖南教育出版社,1987:17.

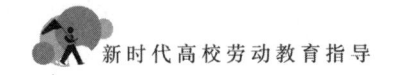

种方式,获取活动开展时间、地点、主题等信息,并向其他人进行宣传和告知,号召更多同学一起学习。

(二)系统阅读经典

系统学习关于劳动教育的重要论述、经典书目和篇目。在阅读中应做好读书笔记,写好读书感悟,以深化个人思想认识。

(三)主动参加活动

主动参加专题讲座、课程研习、主题演讲等劳动教育相关活动。参加活动时积极做记录、谈感悟。做记录主要记录劳动教育活动的主题以及核心内容;谈感悟应围绕活动主题,并结合自身劳动实践,将感悟谈实、谈深。

(四)乐于汇报分享

在阅读书籍和参加活动后,学生个人可以主动与教师或同学分享所读所思,也可以由教师或相关负责人组织分享会、座谈会,为学生提供面对面交流的平台,实现师生、生生之间互学互促。

二、自觉践行劳动实践

劳动教育不是刻意、强制的观念和行为,而是依存于自觉意识、自觉追求和自觉行为过程中的,应该把劳动的理念和行为渗透到生活、学习、工作的各个环节中,使之成为一种生存方式。[1]《关于全面加强新时代大中小学劳动教育的意见》提出"以日常生活劳动、生产劳动和服务性劳动为主要内容开展劳动教育"。在高校开展劳动教育也应让学生投入以上三个方面,养成劳动习惯,全面锻炼并提高劳动能力。

---

[1] 宁本涛.重塑劳动教育观[N].光明日报,2019-1-29(13).

(一)积极开展日常生活劳动实践

学生应常态化地开展劳动实践,通过生活劳动,保持良好的个人卫生习惯,完成个人物品整理、清洗,自觉做好宿舍清扫和垃圾分类,增强义务劳动意识。通过责任劳动,保持公共环境,不损坏各种设施和劳动工具、不随意丢弃固体垃圾,不在公共场所喧哗吵闹、不围观起哄等,养成尊重劳动和热爱劳动的意识。通过巩固良好劳动习惯,提高劳动自立自强能力,共创一个安静、整洁、卫生、舒适的学习生活环境。

(二)认真完成生产劳动实践

学生应在真实的生产环境和社会工作中开展劳动实践活动,体验生产劳动过程,保质保量完成教师或相关负责人分配的生产劳动任务,运用所学知识解决实际问题,以提升专业劳动能力。人文社会科学类专业学生要将生产劳动实践与专业实习、社会实践、田野调查、毕业实习、毕业论文等进行有机结合;自然科学类专业学生的生产劳动要结合生产实习、专业实习、工程实训、毕业设计等进行开展。

(三)踊跃参加服务性质劳动

学生应主动报名和申请加入带有公益性质和志愿性质的劳动,通过参加服务性劳动,强化个人公共服务意识和主动奉献精神,提高综合劳动能力。公益性劳动实践多集中在校内,例如教室、食堂、校园场所的卫生保洁、绿化美化和管理服务等;志愿服务性社会实践需要学生深入基层、深入乡村,包括"三支一扶"、大学生志愿服务西部计划、"青春红色逐梦之旅"、"三下乡"等活动和项目。

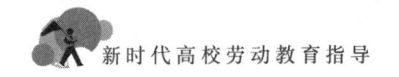

三、积极锻炼劳动技能

劳动技能的学习是劳动教育的重要内容。实际运用劳动技能可以帮助学生巩固理论知识,将课本理论转化为劳动实践,同时运用劳动技能的综合过程能让学生自己发现真实问题并思考解决方法,激发学生的劳动潜力,进而熟练掌握、综合迁移、创新创造劳动方式和技能,成为勤于劳动、善于创新的劳动者。根据高校学生学习需求和社会发展对人才的要求,学生应积极锻炼并不断提高以下三方面劳动技能。

(一)夯实专业性劳动技能

专业性劳动技能是学生在专业教育中必备的核心技能,学生通过将理论知识技能化以及劳动技能理论化不断夯实专业基础。理论知识技能化即用生产原理和操作流程说明等理论知识指导学生使用劳动技能;劳动技能理论化即在使用劳动技能过程中提炼和优化原始的专业知识,二者相辅相成。

(二)扩充综合性劳动技能

综合性劳动技能包括单项综合性劳动技能和职业综合性劳动技能两类,单向综合性劳动技能包括考取普通话等级证书、外语等级证书、计算机等级证书、汽车驾驶证、游泳等级标准等。职业综合性劳动技能包括考取各类职业资格证书,如导游资格证书、律师资格证书、教师资格证书、心理咨询师证书、茶艺师资格证书、景观设计师资格证书等。通过锻炼多样化的综合性劳动技能,成为掌握多种技能的复合型人才。

(三)提升创造性劳动能力

学生在专业实践中应勇敢尝试新方法、探索新技术、解决新问题,同时学生也可以多次参加诸如"互联网+"大学生创新创业大赛、"挑战杯"中国大学生创业计划竞赛、国家级大学生创新创业训练计划项目等,着重培养个人创新精神和实践能力。同时依托学校的创新创业教育,学生要善于在新时代、新形势、新背景下开展创造性劳动,充分发挥新观念、新思想、新途径,革新劳动理念和劳动方式,发展新业务,打开新局面。

四、深刻领悟劳动精神

学生在学习和掌握基本劳动知识技能的过程中,应深刻领悟劳动的意义价值,形成勤俭、奋斗、创新、奉献的劳动精神。前文已详细阐述了学生通过学习专业知识、参与劳动实践、锻炼劳动技能等"置身其中"的方式,经历劳动过程并体悟劳动精神。除此之外,学生也可以通过观察、记录和分享等"置身其外"的方式总结并感悟劳动精神。

(一)作为劳动观察者,要善于观察生活中的劳动群体

在学习和生活中关注各行业劳动者,留意不同劳动群体的劳动特点、劳作方式、劳动品质,参观基层社区、实训基地以及其他生产劳动场所。体会劳动者坚守岗位、吃苦耐劳、迎难而上、挑战创新等品质,增进与普通劳动者的感情,拓展劳动知识,提升劳动技能,养成劳动自觉。通过观察职业世界,学生能够树立正确的劳动观,理解劳动成就梦想、劳动开创未来。在平凡的劳动岗位上做出不平凡的业绩,从而为走入社会做好职业和思想准备。

(二)作为劳动记录者,要勤于记录实践中的所见所闻

在实际劳动实践中,可能会面临复杂的情况,例如个人在专业实习中出现紧急突发情况、科研项目开展遇到瓶颈,或者在参观过程中发现问题等,学生需将其记录下来,向他人学习或自己探寻解决方法,并进行总结与反思,以寻求突破和创新。

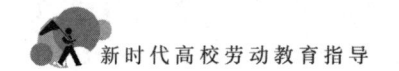

(三)作为劳动分享者,要乐于分享劳动中的收获感悟

积极开展分享会、座谈会、论坛等,或通过作品展示和演出汇报的形式进行相互学习,通过分享学生能够丰富劳动体验,深化劳动收获感悟,从不同的视角出发领悟劳动精神,在个人与他人的交流中进一步理解劳动现象、学习劳动思想、认识劳动本质。

第四章 新时代高校劳动教育的评价检测

　　新时代高校劳动教育评价是对高校劳动教育的过程、质量和效果所做的测量、分析与评定。它是以新时代新阶段发展任务为指向，在综合新时代的主要社会元素、职业元素和教育元素的基础上，建构与新时代发展相匹配的劳动教育评价体系，通过系统收集、整理、分析学生在劳动教育过程中的信息与资料，考查劳动教育目标的达成程度，以及对劳动教育课程开发、课程计划和实施效果做出价值判断的过程。本章将从新时代高校劳动教育评价概述、新时代高校劳动教育评价体系构成、新时代高校劳动教育评价实施与检验等方面对高校劳动教育评价进行系统阐述，以期为新时代高校劳动教育效果评价提供理论依据和实践指导。

第一节

新时代高校劳动教育评价概述

新时代高校劳动教育评价是教育管理部门、学校、教师、学生及第三方机构等对劳动教育实践开展的一种特殊的评价活动,其目的在于对劳动教育的价值取向、发展方向、方案设计、课程设置与实施过程等做出合理决策,确保劳动教育实施的合理性与实效性。

一、新时代高校劳动教育评价的内涵

新时代是中华民族实现从站起来、富起来到强起来的伟大飞跃的时代,"强起来"是新时代的根本任务。劳动教育评价是教育体系的重要内容,也是劳动教育活动开展的指引与保障,诚如教育部原部长陈宝生同志在大中小学劳动教育专项调研座谈会上所言:教育系统要深入贯彻落实好习近平总书记关于劳动教育的系列重要论述,从不同学段不同对象的实际出发,摆准位子,立好柱子,搭实台子,探索路子,把握好劳动教育的观念、目标、过程、评价,保证劳动教育的正确方向,充分发挥劳动教育在立德树人中的重要作用。[1]因此,对劳动教育评价的研究不仅有利于拓展、丰富和完善教育评价体系,而且有助于切实保障劳动教育的落实,以及育人价值的发挥。

劳动教育评价与劳动教育具有密切联系,对劳动教育评价的理解,离不开对劳动教育内涵的分析。学者檀传宝认为,劳动教育的基本内涵是以促进学

---

[1] 中华人民共和国教育部.奔着最要紧的问题开方抓药:教育部主题教育推动解决热点难点问题系列报道之一[EB/OL].[2019-10-01]. http: //www.moe.gov.cn/jyp_xwfb/moe_2082/zl_2019n/2019_ zl63/201908/t20190828_396180. html.

生形成劳动价值观(即确立正确的劳动观、积极的劳动态度,热爱劳动和劳动人民等)和养成良好劳动素养(形成劳动习惯、有一定劳动知识与技能、有能力开展创造性劳动等)为目的的教育活动。①班建武认为,在新的时代背景下,劳动教育的内涵必将呈现出新的特点。在立场上,在劳动教育中充分实现教育与生产劳动的"实质"而非"形式"的结合;在内容上,体现一种发展的教育观,重视闲暇教育和消费教育;在功能上,强调劳动之于个体的存在性价值,以赋予个体在劳动教育中获得自我存在的价值感和意义感,丰富其关系属性并提升其审美人格;在实践上,培育学生正确的劳动价值观和劳动态度,构建一种整合的、开放性的劳动教育实践体系。②徐海娇认为,劳动教育作为促进学生精神成长的重要教化方式,在实践取向上应当回归自然,走进学生的生活,从身体规训走向身体解放,最终引导学生走向人格高尚、德性完满、心灵的自由创造,荡起幸福人生。③曲霞、刘向兵认为,新时代高校劳动教育是高等教育人才培养体系的重要组成部分,是顺应新时代劳动发展趋势对大学生进行系统的劳动思想教育、劳动技能培育与劳动实践锻炼,全面提高大学生劳动素养的过程,其目的是引导新时代大学生在劳动创造中追求幸福感、获得创新灵感,培养具有社会责任感、创新精神和实践能力的高级专门人才。④这些研究成果为界定劳动教育评价的内涵奠定了重要基础。

劳动教育评价无论作为一种抽象的理论研究对象,还是作为一种具体的评价实践活动,它从宏观系统到微观对象都表现为一个开放的、有机的复杂系统。劳动教育评价是一个有机的复杂性系统,它的设计与发展随着劳动教育内涵及评价体系诸要素的变化而不断更新。⑤高校劳动教育评价实际上是评

---

① 檀传宝. 劳动教育的概念理解:如何认识劳动教育概念的基本内涵与基本特征[J]. 中国教育学刊,2019(2):82-84.
② 班建武."新"劳动教育的内涵特征与实践路径[J]. 教育研究,2019,40(1):21-26.
③ 徐海娇. 劳动教育的价值危机及其出路探析[J]. 国家教育行政学院学报,2018(10):22-28.
④ 曲霞,刘向兵. 新时代高校劳动教育的内涵辨析与体系建构[J]. 中国高教研究,2019(2):73-77.
⑤ 吴河江. 基于WSR系统方法论的劳动教育评价研究[J]. 课程教学研究,2020(9):81-88.

价主体根据一定的标准,运用科学有效的方法,系统搜集有关信息,对高校学生在劳动教育过程中的表现做出的价值判断。[1]从宏观层面来看,劳动教育评价活动属于一种教育活动。当前我国正处于教育大变革时期,教育活动的组成日益复杂,教育活动的诸要素也在快速更新,劳动教育评价活动在此大背景下不可避免地受到影响。劳动教育评价是对劳动教育活动进行价值判断的过程,旨在保障并引导劳动教育有质量地开展,它必须将劳动教育过程的系统性运行,以及与之密切相关的发展规划、机构设置等宏观内容的组织性和复杂性纳入评价框架,这样才能从全景视域下更好地把握全局,并灵活地协调处理劳动教育评价活动中诸要素的关系。从中观层面来看,劳动教育评价活动属于教育管理范畴。因此,劳动教育评价的实践必须依据教育管理的行动指南进行,在管理学的话语体系内开展活动,把握管理目标和管理功能实现的导向。同时,劳动教育评价作为一种价值判断的评价活动,必然是评价学的分支。在具体的劳动教育评价实践中也将受到评价规范准则的指导,应当依据一定评价标准保障评价的合理性,正确地把握评价主体与评价客体之间的关系,以期对评价对象做出客观公正的价值判断。从微观层面来看,劳动教育活动是劳动教育评价活动直接的评价对象。劳动教育活动包含多个主体,不同主体之间在劳动教育过程中的利益诉求、角色定位不尽相同,这些差异将构成劳动教育评价的复杂因素。面对这些复杂因素,开展劳动教育评价活动时要明确评价目标、制订合理的评价标准和评价指标,在正确认识劳动教育活动的客观规律和运行模式的基础之上,对劳动教育活动做出科学分析与评估。[2]

综上分析,新时代高校劳动教育评价是指以新时代新阶段发展任务为指向,在综合新时代的主要社会元素、职业元素和教育元素的基础上,建构与新

---

[1] 陈含笑,徐洁.中小学劳动教育评价的意义、困境与对策[J].教师教育论坛,2020,33(12):12-15.
[2] 吴河江.基于WSR系统方法论的劳动教育评价研究[J].课程教学研究,2020(9):81-88.

时代发展相匹配的劳动教育评价体系,并通过系统收集、整理、分析学生在劳动教育过程中的信息与资料,考查劳动教育目标的达成程度,以及对劳动教育课程开发、课程计划和实施效果做出价值判断的过程。其重点在于改进劳动教育结果评价,强化劳动教育过程评价,探索劳动教育增值评价,健全劳动教育综合评价,在劳动教育评价中促使学生具备成为新时代优秀劳动者的必备品格与关键能力。具体而言,从劳动教育的结果评价而言,劳动教育本身是集理论性与实践性于一身的极其复杂的育人活动,在对其结果进行评价时,要通过多维度的评价表现,让学校、教师和学生获取更多的结果信息,引导将结果评价用于激励个体的成长;从劳动教育的过程评价来看,相比于其他各育,劳动教育更加注重实践性,它最突出的特点就是教育过程的具身化,更关注学生在劳动教育活动中的实际表现;从劳动教育的增值评价来讲,劳动教育的最终目的是形成学生正确的劳动价值观和养成良好的劳动素养,这是一种持续不断的输入过程,而增值评价体现了发展性的理念,注重的是"不比基础比进步"、"不比背景比努力",能够有效激活学生参与劳动的积极性,从过分关注条件转向更专注培养;从劳动教育的综合评价来看,劳动教育的价值取向、课程目标、课程设置与课程实施等都会影响劳动教育的最终实现效果,因而要建立综合评价指标体系,健全评价标准,改进评价方式方法,科学运用评价结果,促进劳动教育的进一步发展。据此,新时代高校劳动教育评价要根据新时代的历史方位确定高校劳动教育评价开展的时代起点,整合新时代的多种元素以理解高校劳动教育评价的新内涵,抓住新时代发展的未来愿景以彰显劳动教育评价的未来价值。换言之,新时代高校劳动教育评价的发展要义,是通过今天的劳动教育评价反馈为明天培育出更多的新时代的优秀劳动者,这些劳动者的优秀品质表现为树立了新的劳动价值观,发展了关键性的劳动知识和劳动能力。[1]

---

[1] 张伟.新时代学校劳动教育质量的时代逻辑、发展要义与评价维度[J].教育科学论坛,2020(20):3-9.

二、新时代高校劳动教育评价的原则

新时代高校劳动教育不仅要促进学习者劳动知识与劳动技能的提升,而且更要培养青年学生积极的劳动价值观和劳动品质。因此,高校劳动教育需要有机融入专业人才培养的整个体系中,而专业人才培养体系则需要与时俱进,不断创新,使高水平专业人才具备经世致用的知识技能、吃苦耐劳的劳动品质、舍己为人的奉献精神,实现为祖国培养合格人才的目标。[①]为了更好地促进劳动教育落地实施,切实保证劳动教育提质增效,亟需构建科学合理的劳动教育评价体系。高等院校的育人模式不同于其他学段,在《大中小学劳动教育指导纲要(试行)》中关于评价体系指导思想的引领下,需要构建符合高校人才培养规律的劳动教育评价体系,在评什么、怎样评、为什么这样评中把握三个主要原则。

(一)注重知行合一

新时代高校劳动教育评价要准确把握新时代劳动教育的价值取向,坚持立德树人根本任务,引导学生领悟劳动的意义价值,亲历劳动过程,掌握必备劳动技能,养成良好的劳动习惯和品质。在劳动教育实践中,强调学习者不仅要形成正确的劳动观念和积极的劳动情感,同时还要亲历劳动实践,掌握劳动技能,做到知行合一,促进"五育融合"发展。《大中小学劳动教育指导纲要(试行)》指出,"加强高等学校与行业骨干企业、高新企业、中小微企业紧密协同,推动人才培养模式改革",真正建立起与人才培养模式相匹配的综合评价机制,并在评价过程中遵循知行合一原则,实现对劳动教育效果的真实性评价。要建立起学校、社会协同育人与评价的有效联动机制。各类专业学习、专业实践与社会实践活动是高等教育的重要组成部分,学校与社会机构发挥着重要

---

① 艾娟.构建高校劳动教育评价体系的原则[N].中国社会科学报,2020-10-19(A05).

的育人功能。高校劳动教育评价需要建立起学校、社会内外结合的综合评价模式。学校作为育人基地,要承担起对专业人才培养质量进行评价的主要责任,同时也需要社会各机构积极发挥育人评价的重要作用,切实承担起对劳动教育的评价责任。学校、社会两个主阵地根据培养目标和相关领域内的知识技能等素养需求来展开劳动教育效果的评价,实现学校育人与社会用人的有机结合和有效联动,这样不仅能够测评学生劳动知识的掌握情况,而且还能够从社会(活动)的角度测评学生劳动技能的形成效果。此外,还需要充分调动大学生在劳动教育评价过程中的主动性和能动性,积极引导其从自身内部的专业劳动体验、获得感来深入思考自身在所学专业、精神品质等方面的成效与不足,进而使他们准确把握新时代劳动教育价值取向,引导其领悟劳动的丰富意义。在亲历劳动过程中,掌握必备劳动技能,养成良好的劳动习惯和品质。

(二)突出专业成长

《大中小学劳动教育指导纲要(试行)》指出,"把劳动教育纳入人才培养的全过程,将劳动素养纳入学生综合素质评价体系",重点考查学生对与职业发展密切相关的劳动科学知识和劳动技能的掌握情况,在劳动实践中创造性地解决问题的能力,以及专业成长的表现。对劳动素养的评价均不能脱离任何一个学段的教育目标而展开。对于以专业人才培养为重任的高校教育来讲,其劳动教育的目标需要与专业人才培养目标相一致,实现与专业人才培养质量的有机融合,建立与专业人才培养目标融合的评价体系。首先,要实现高校劳动素养与专业人才素质的共融共通。与中小学教育的基础性特点相区别,高等学校教育以专业性人才培养为主要目标,劳动教育自然不能完全脱离专业教育而存在,而需要在专业人才的培养体系中促进学习者劳动素养的培养,在专业人才培养质量的评价中考查劳动教育的成效。高校劳动教育对专业人才培养的目标、内容、实施等提出了新的要求,进一步保证劳动素养纳入专业人才培养体系,劳动教育评价标准与专业教育培养质量的评价体系相一致。其次,高校劳动教育评价要体现专业教育目标多样性的特点。高校中不同专业的人才培养目标具有多样化,高校劳动教育评价不能在一个标准下实行"一刀切"的评价模式,而应该因专业而制宜,切实体现专业教育多样化的特色。每一个专业的劳动教育目标都需要在其专业人才培养的总目标下对劳动素养的内涵进行明确的细化,使专业教育中与劳动教育相关的知识、技能、价值观等目标得以彰显。在专业教育中体现相应劳动知识、技能和情感等综合劳动素养,充分发挥专业建设的自主性,实施与专业人才培养目标相一致的、展现专业特色的劳动教育,达到全面育人与专业育人功能的有效结合。

(三)强调多元融合

《大中小学劳动教育指导纲要(试行)》指出,应该将过程性评价和结果性评价结合起来,开展劳动教育过程监测与记实评价,发挥评价的育人导向和反馈改进功能。新时代高校大学生劳动教育评价强调采用将课内评价与课外评价相结合、过程性评价与终结性评价相结合、他评与自评相结合的方式,客观记录大学生在日常生活劳动、生产劳动和服务性劳动中的表现,并据此进行价值判断。具体而言,高校劳动教育要重视在学生的成长过程中去考查劳动素养的培育效果,让劳动教育的动态评价与反馈作用得到充分体现。从青年学生的综合素养培养目标的实现来看,动态性评价中的定期监督、全程跟踪评价,有助于及时发现劳动教育存在的问题,真正发挥以评促改的功能。对于高校不同年级的学生,要根据该年级或者学期的培养要求和目标考查劳动教育的效果,通过学校、社会与个人相结合的动态评价模式监测和反馈学生在劳动素养方面的获得与不足,为后续有针对性地开展劳动教育提供依据。从整个专业育人评价体系的发展过程来看,动态性评价还体现在人才培养效果的追踪和反馈上,进一步促进专业人才培养目标的调整、模式的创新等,达到以评促建的目的,为构建全面育人的评价体系提供依据。劳动教育的评价指标必须是相对科学稳定的,尊重劳动知识技能等客观指标的合理性,同时也应该是灵活的,尊重劳动素养的经世致用、与时俱进。通过人才培养效果的追踪反馈可以促进专业人才培养体系的不断创新与发展,健全监测—反馈—导向的良性动态评价模式。

三、新时代高校劳动教育评价的类型

依据不同的标准,可以将评价划分为不同的类型,如根据评价在教育过程中发挥作用的不同,可以将评价分为终结性评价、形成性评价和诊断性评价;根据评价所依据的不同标准,可以把评价分为相对评价和绝对评价。2020年10月,中共中央国务院印发《深化新时代教育评价改革总体方案》,明确要求教育评价要"坚持科学有效,改进结果评价,强化过程评价,探索增值评价,健全综合评价,充分利用信息技术,提高教育评价的科学性、专业性、客观性。"[①]据此,新时代高校劳动教育评价的类型主要包括形成性评价、终结性评价、增值评价和综合评价。

(一)形成性评价

形成性评价又称为过程评价。它是指在教育进行过程中,为使教育教学活动顺利进行,对教育教学行为及效果实施的评定。形成性评价既可以是对教师的教,也可以是对学生的学,以及整个教育教学互动进行评价。美国著名

---

① 中共中央 国务院印发《深化新时代教育评价改革总体方案》[EB/OL].http://www.moe.gov.cn/jyb_xxgk/moe_1777/moe_1778/202010/t20201013_494381.html

教育学家布卢姆认为,形成性评价,就是在教育教学过程中使用的系统性评价。①形成性评价的宗旨在于为教育教学提供反馈信息,从而帮助教师和学生改进教与学。在新时代高校劳动教育评价中,形成性评价强调对高校劳动教育的整个过程进行系统性评价,涉及从高校劳动教育的设计、实施以及整个运行过程。它通过对高校劳动教育运行的整个过程及其每一个环节的信息的搜集、整理与分析,从而进行较为全面的评价。

(二)终结性评价

终结性评价又称结果评价。它是通过对学习者特定学习阶段结束后结果的评价,进而评定学习者的学习成效,确定学习者达到教育目标的程度,说明学习者掌握知识、技能的程度和能力水平状况,以确定学习者在后续教育教学活动中的学习起点,并为确立新的教育目标提供一定依据。在学校教育中常见的期中考试、期末考试以及毕业会考等属于这类评价。在新时代高校劳动教育评价中,终结性评价主要用于在特定阶段对劳动教育成效及其结果的总结和价值判断,旨在揭示和反映高校劳动教育的阶段性成效以及总体性的结果。

(三)增值评价

增值评价重在评价学生的进步程度,通过对一段时间内学生学习状况的观察和测评,来判断学生的成长和进步状况,并从学生整体的进步程度来衡量教育教学的成效,从而科学地评价教育教学效能的高低。"增值评价融合了发展性评价和总结性评价,它不仅注重学习的最终教育成果,而且强调测定学生的进步情况和教师教学效果、教学效益的发展性,体现了调动师生的积极性,改进教育教学工作和改善教育过程,以便提供更加适宜的帮助和指导等。"②在

---

① 布卢姆.教育评价[M].邱渊,等译.上海:华东师范大学出版社,1987:228-229.
② 洪松舟.论增值评价法与教师有效教学[J].当代教育科学,2007(9):35-37.

新时代高校劳动教育评价中,增值评价强调通过纵向比较,对高校劳动教育成效进行评定。与横向比较不同,增值评价更多关注评价对象在一定时间历程中的发展水平,突出评价的针对性和实效性。

(四)综合评价

综合评价,也叫综合评价方法或多指标综合评价方法,是指使用比较系统的、规范的方法对评价对象进行整体性评价的方法。综合评价强调针对特定的研究对象,建立测评指标体系,利用一定的方法或模型,对搜集的资料进行分析,对被评价对象做出总体判断。在一定程度上讲,综合评价突出多种评价方式的运用,从多个向度,运用多维指标体系,对评价对象的相关信息进行全方位的系统收集,并据此进行整体性评价。在新时代高校劳动教育评价中,综合评价要求基于一定的理论依据,结合评价目标和评价对象实际,制订系统化的评价指标体系,并采用多种评价工具,对评价对象进行立体化诊断和价值判定。

四、新时代高校劳动教育评价的功能

新时代高校劳动教育评价不仅在于对劳动教育成效及其问题进行诊断,还在于基于评价信息对劳动教育实践进行反馈和调节,并引导劳动教育发展方向。在这个过程中,新时代高校劳动教育评价发挥着诊断、调节、激励、导向和反思功能,从而提升劳动教育质量,更好地促进高校劳动教育发展。

(一)诊断功能

诊断功能是指劳动教育评价能够对高校劳动教育实践中存在的问题进行判断与分析,找到症结及原因所在,进而提出修订和改进的建议。在劳动教育方案及其课程等的不断修订的过程中,使其达到尽可能完善的程度。例如通过劳动教育评价,评价者可以发现劳动教育课程设计中存在的困难与不足,并进而判断导致困难与不足的原因,为教育主体采取相关措施改善课程设计提供客观依据,尤其是对于课程设计经验不足的新任教师,更需要通过发挥劳动教育评价的诊断功能,以发现问题,及时补救。

(二)调节功能

调节功能是指通过劳动教育评价结果的反馈,可以让被评价者了解自身发展存在的优势与不足,从而调节自己的劳动方式和行为。在社会与学校教育持续变革和发展的背景下,劳动教育活动始终是处于不断的调节过程之中的,但要确保调节更为科学有效,除了需要诊断出劳动教育实施的问题所在之外,还必须把这些诊断出的问题及时反馈给被评价者,以促使其对自己的行为做出调节。否则,诊断的结果就会失去意义和价值。当代劳动教育评价对调节功能非常重视,认为评价最重要的并不是得出一个客观准确的评价结论,而是要将评价的结果以科学的、恰当的、建设性的方式反馈给被评价者,促使其及时改进,调整方向和行为,从而获得进一步的发展。

(三)激励功能

激励功能是指通过劳动教育评价可以让被评价者在正确认识自己的优势与不足的基础上,从正反两个方面受到激励,增强发展的积极性和主动性。例如,在对教师劳动教育实施的评价中,积极的评价可以增强教师的自信心,提高自我认同感,激发进一步优化劳动教育实施的动力。此外,当代劳动教育评价尤其强调把评价过程当作被评价者提供的自我展示的平台和机会,鼓励被评价者展示自己的努力与成绩,让被评价者通过他人的认可和赞赏而受到激励。新时代,高校劳动教育评价强调充分发挥评价的建设性作用和激励功能,从而调动主体的积极性,提高劳动教育质量。

(四)导向功能

导向功能是指劳动教育评价对高校劳动教育实践活动具有定向引导功能。劳动教育目标对劳动教育活动也具有导向功能,但这种导向功能要通过劳动教育评价才能实现。因为以理论形态存在的劳动教育目标能否发挥应有的指导作用,取决于这一目标是否转化为具体的评价指标体系,成为评价劳动教育成效的现实依据。"劳动教育是新时期党对教育的新要求,是中国特色社会主义教育制度的重要内容,直接决定社会主义建设者和接班人的劳动精神面貌、劳动价值取向和劳动技能水平",[1]具有重要的战略意义。高校劳动教育评价的导向功能体现为评价对劳动教育主体的引导作用,对劳动教育对象的引领作用,它对劳动教育实践活动具有更为直接的导向功能。

(五)反思功能

随着人们日益强调评价的效益问题,反思在劳动教育评价研究与实践中受到重视。所谓反思功能是指在劳动教育评价中通过被评价者的主动参与促进自身的反思,从而更深刻地发现问题和更有效地改进劳动教育活动,并在此过程中提升自己的反思能力。"教师的自我反思可以安排在固定的时间,使反思经常化和制度化。"[2]新时代劳动教育评价强调多元主体的参与,这样有助于调动主体的内在动机,使其成为自觉的反思者,认真总结经验,并思考下一步计划。随着反思性评价的日常化,被评价者才能逐步形成良好的反思与总结习惯,从而有助于劳动教育的持续发展。

---

[1] 教育部关于印发《大中小学劳动教育指导纲要(试行)》的通知[EB/OL].http://www.moe.gov.cn/srcsite/A26/jcj_kcjcgh/202007/t20200715_472808.html
[2] 周卫勇.走向发展性课程评价——谈就课程的评价改革[M].北京:北京大学出版社,2002:136.

第二节

新时代高校劳动教育评价体系构成

劳动教育评价体系是新时代劳动教育体系建设的重要组成部分。新时代高校劳动教育评价对引导劳动教育的实施走向、促进劳动教育的目标实现、探究劳动教育实施的经验和问题、保障劳动教育的实际效能以及激励劳动教育的实践创造等具有极为重要的意义。因此,构建新时代高校劳动教育评价体系有助于更好地发挥劳动教育评价的积极功能,提升劳动教育质量。

一、新时代高校劳动教育评价的目标

新时代高校劳动教育的目标是劳动教育实施链条上的"上游"环节,是对高校劳动教育预期达到的结果的预设和设计,它不仅渗透着一系列价值理念,而且融入在劳动教育的全过程。在新时代教育改革与发展过程中,人们对评价非常重视,将其称为"指挥棒",评价的价值与使命远远超越其本身的工具意义,成为劳动教育实施的"方向标"。新时代高校劳动教育评价目标不同于劳动教育目标,它是劳动教育目标的下位概念,是劳动教育评价预期达到的目的或者价值指向,同样发挥着诊断性、导向性和引领性的作用。从这个意义上说,要加强劳动教育的实施,就必须加快建立相应的劳动教育评价目标体系。[1]总体而言,新时代高校劳动教育评价的目标在于检验劳动教育成效、诊断劳动教育问题和引导劳动教育实践,进而以期客观反映高校劳动教育实施情况和学生劳动素养发展水平,引导学生树立正确的劳动观念,促进劳动教育

---

[1] 顾建军.加快建构新时代劳动素养评价体系[J].人民教育,2020(8):19-22.

与专业发展相结合,培育学生积极的劳动精神,养成良好的劳动习惯和劳动品质。具体而言,新时代高校劳动教育评价的目标主要表现在如下三个方面。

(一)检验劳动教育成效

评价是指主体基于一定的标准,以特定的事实和数据等为依据,对评价对象进行定量分析和价值判断的活动。新时代高校劳动教育评价的目标之一在于检验劳动教育成效,即对劳动教育实践所达成的效果进行评定,并定量揭示劳动教育活动达到的水平。劳动教育成效可以通过多个指标来反映,但最为根本的指标是学生的劳动素养,它是学生通过多方面的劳动教育而逐步形成的劳动精神面貌、劳动价值取向和劳动技能水平等要素凝结而成的整体状态,在日常生活、生产实践、职业劳动和社会参与活动中得到体现,并融入主体的观念、习惯、品质与能力之中。具体而言,通过劳动教育评价检验劳动教育成效,可以从具体的学生的劳动素养来体现,包括形成学生合理的劳动价值观,如引导学生理解马克思主义劳动观和社会主义劳动关系,树立正确的择业就业创业观,具有到艰苦地区和行业工作的奋斗精神;养成学生日常性劳动习惯,如引导学生自觉做好宿舍卫生保洁,独立处理个人生活事务,积极参加勤工助学活动,树立自立自强意识,形成良好的日常生活劳动习惯;让学生重视生产性劳动锻炼,如引导学生参加实习实训、专业服务和创新创业活动,重视新知识、新技术、新工艺、新方法在专业学习中的运用,积极提高在专业性生产实践中发现问题和创造性解决问题的能力,在动手实践的过程中创造有价值的物化劳动成果等。

(二)诊断劳动教育问题

新时代高校劳动教育评价对于实施劳动教育具有重要价值。劳动教育评价的目标之一在诊断劳动教育存在的现实问题,找准制约劳动教育实践的症结,从而为高校劳动教育问题的解决和劳动教育质量的提升奠定基础。劳动教育实践是提升高校学生劳动素养的重要途径。当前,无论家庭劳动教育实践、学校劳动教育实践还是社会劳动教育实践都存在"窄化""弱化""异化""物化"等问题。高校劳动教育评价能够正视劳动教育实践问题,并通过专业的测评工具和测评手段精准定位劳动教育问题,分析问题背后的深层原因,积极促进高校劳动教育实践问题的解决。诊断劳动教育问题是高校劳动教育评价的目标所在,评价主体在对劳动教育成效进行检验的基础上,基于大量的数据分析、材料分析以及现场考查等对劳动教育实践存在的问题进行深入剖析,精准把握劳动教育发展的瓶颈,从而为劳动教育创新和发展提供前提。

(三)引导劳动教育实践

评价具有方向引领和价值导向功能,高校劳动教育评价的重要目标之一在于充分发挥评价的积极功能,使高校劳动教育有序实施,进而引领劳动教育持续健康发展。因此,引导劳动教育实践是高校劳动教育评价的重要目标。一方面,高校劳动教育评价的价值导向能够为劳动教育实践提供方向与思路。这是因为高校劳动教育评价在评价指标、评价方法、评价内容等方面关注当前劳动教育实践问题,突出劳动教育实践的内涵要义和时代性特点,致力于解决当前高校劳动教育实践问题。另一方面,高校劳动教育评价能够及时发现劳动教育实践中可能发生的问题,这就为高校开展劳动教育提供了方向上的指导,为劳动教育实践问题的规避与解决提供支撑与保障。因此,高校劳动教育评价的重要目标在于引导劳动教育实践,即通过评价指标、评价细则以及具体的评价程序等引领劳动教育实践,积极促进劳动教育活动有序高效开展,创新劳动教育实践,进而推动学生劳动素养的提升。

二、新时代高校劳动教育评价的主体

劳动教育的开展及其评价都是通过人来完成的,劳动教育评价的主体始终贯穿在劳动教育的整个过程与评价活动之中。充分认识劳动教育评价中的各种主体,对劳动教育评价体系建构具有重大意义。具体而言,高校劳动教育评价主体包括教育管理部门、学校主体、教师主体、学生主体和第三方机构。

(一)教育管理部门

评价体系是开展劳动教育的"指挥棒"。立足于符合"德智体美劳全面发展"要求与"更高水平的人才培养体系"建设这两个基本点,将"劳"作为"五育"并举的基本组成部分与"更高水平人才"的衡量标准。为此,在政府和教育主管部门层面,需履行好如下主体责任。

一方面,要强化督导检查,把劳动素养评价结果作为评优、评先和高一级学校招生录取的重要参考或依据,使劳动教育评价硬起来;[1]把劳动教育纳入教育督导体系,劳动教育督导结果向社会公开,同时作为衡量区域教育质量和水平的重要指标,并作为被督导部门主要负责人考核奖惩的依据。

另一方面,要加强宣传引导,政府和学校要向学生家长及社会公众宣传与劳动教育相关的知识,主要包括劳动教育在社会主义建设者和接班人培养中的基础作用、在教育体系中的地位、对人的全面发展的作用,以及与德智体美之间的辩证关系等内容,使学生家长与社会公众能够认识到开展劳动教育的价值与必要性。推广劳动教育典型经验,注重挖掘在抗疫救灾等重大事件中涌现出来的典型人物和事迹,大力宣传不畏艰难、百折不挠、敢于担当的高尚品格。鼓励和支持创作更多以歌颂普通劳动者为主题的优秀作品,大力宣传辛勤劳动、诚实劳动、创造性劳动的典型人物和事迹,弘扬劳动光荣、创造伟大

---
[1]陆选荣.研究构建新时代学校劳动教育体系[J].社会主义论坛,2020(9):24-25.

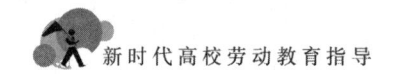

的主旋律,旗帜鲜明地反对一切不劳而获、贪图享乐、崇尚暴富的错误观念,营造全社会关心和支持劳动教育的良好氛围。①

(二)学校主体

学校要切实承担劳动教育主体责任,明确实施机构和人员,开齐开足劳动教育课程,不得挤占、挪用劳动实践时间。

一方面,指导学生如实记录劳动教育活动情况,将其纳入综合素质档案,作为学生学年评优评先的重要参考。同时,要注重对学生劳动品质、劳动韧性、劳动精神方面的培养,促使学校在日常教学中将劳动教育贯穿于教育活动的方方面面,将劳动教育与学生的品德养成教育、幸福生活教育、职业生涯教育等结合起来,促进学生能够从自身综合素养提升的视角,常态化地开展体验性劳动与创造性劳动。要引领学生乃至家庭重视劳动教育对学生核心素养的转化,关注学生认识劳动教育在促进物质与精神财富创造方面的功能,力求在引导学生的辛勤劳动、诚信劳动与创造性劳动上形成学校各具特色的评价系统。②

另一方面,学校管理者要对劳动教育活动的开展情况实施监管,主要包括劳动课程落实情况监督和劳动设备安全性检验等。学校在明确学年劳动实践类型、次数、时间等考核要求的基础上,着重观察学生劳动习惯的养成情况和必要劳动技能的掌握程度。根据学生身心发展情况,适度调整劳动强度,切实关注劳动任务及场所设施的适宜性。组织学生走向社会,坚持以校外劳动锻炼为主。此外,注重科学评估劳动实践活动的安全风险,认真排查、清除学生劳动实践中的各种隐患。在场所设施选择、材料选用、工具设备和防护用品使

---

①中共中央国务院关于全面加强新时代大中小学劳动教育的意见[EB/OL].http://www.moe.gov.cn/jyb_xxgk/moe_1777/moe_1778/202003/t20200326_435127.html? from=timeline&isappinstalled=0
②陆选荣.研究构建新时代学校劳动教育体系[J].社会主义论坛,2020(9):24-25.

用、活动流程等方面制定安全和科学规范的制度,强化劳动过程中每个岗位的管理职责,明确各方责任,防患于未然。制订劳动实践活动风险防控预案,完善应急与事故处理机制。要特别关注劳动过程中的卫生隐患,按照疾控、卫生健康部门及行业有关规定,采取相应措施,切实保护学生的身心健康。[1]

(三)教师主体

教师是劳动教育的最终落实主体,劳动教育教师队伍的建设和工作考核体系的完善将直接影响劳动教育的成效。

一方面,要采取多种措施,建立专兼职相结合的劳动教育教师队伍。首先,根据学校劳动教育需要,明确劳动教育责任人,进行劳动教育规划、组织实施、评价等,配齐劳动教育课专任教师,保持教师队伍的相对稳定性。要充分发挥教职员工特别是班主任、辅导员、导师的作用,利用少先队、共青团、党组织以及学生社团等各方面的力量,合力开展劳动教育实践活动。其次,建立劳动课教师特聘制度,设立劳模工作室、技能大师工作室、荣誉教师岗位等,为学校聘请具有实践经验的社会专业技术人员、劳动模范等担任兼职教师创造条件。高等学校要加强劳动教育师资培养,有条件的院校开设劳动教育相关专业。最后,把劳动教育纳入教育行政干部、校长、教师、辅导员培训内容,开展全员培训,强化劳动意识、劳动观念,提升劳动教育的自觉性;对承担劳动教育课程的教师进行专项培训,提高劳动育人意识和专业化水平。

另一方面,要建立健全劳动教育教师工作考核体系,分类完善评价标准。明确劳动课教师管理要求,保障劳动课教师在绩效考核、职称评聘、评先评优、专业发展等方面与其他专任教师享受同等待遇。教师在劳动教育过程中发挥着主体和主导作用,是劳动教育教学活动的直接组织者,分类完善劳动教育教

---

[1]教育部关于印发《大中小学劳动教育指导纲要(试行)》的通知[EB/OL].http://www.moe.gov.cn/srcsite/A26/jcj_kcjcgh/202007/t20200715_472808.html

师评价标准应着眼于教师自身劳动素养、教师劳动教育意识、实际开展劳动教育教学的能力。第一,在教师劳动素养方面,教师劳动素养的高低直接影响学生劳动素养提升的效果。教师劳动素养的评价应重点关注教师的劳动价值观、劳动情感品质、劳动知识技能、劳动实践和习惯等四个方面。第二,在教师劳动教育意识方面,评价的范畴应涉及教师关于劳动素养在学生整个核心素养中的位置的认识;教师对于通过劳动教育培养学生思想品德的作用认识;教师对最新有关劳动教育政策的掌握情况等。第三,在教师劳动教育教学能力方面,需重点测评教育教学设计能力、组织能力和评价能力等。劳动教育教学设计能力既体现在将劳动精神培育和劳动知识技能传授贯穿在日常课堂的教学中,也体现在专门的劳动教育教学中,包括理论层面和实践层面。劳动教育教学组织能力体现了劳动教育的艺术性,不仅能教会学生劳动,还能在教育教学中使学生热爱劳动。劳动教育教学的评价能力是指教师洞察、鉴别学生劳动价值观、劳动情感态度、劳动知识技能等方面的个性化差异能力,并能根据评价结果的差异实行精准施策、因材施教。[①]

(四)学生主体

学生作为劳动教育活动中不可或缺的重要主体,在实施劳动教育时,必须坚持以实践锻炼为主,切实保证每一个学生都有必要的劳动实践经历,不能只是口头上喊劳动、课堂上讲劳动。要通过学生实践前的计划构想、实践中的观察思考和实践后的反思交流,加深对有关思想理论的理解,实现理论学习和实践锻炼的统一。高校劳动教育中学生生产劳动和服务性劳动要注重结合产业新业态、劳动新形态,选择现代农业、工业、服务业项目,提升创造性劳动能力。具体而言,一是围绕劳动为什么、是什么的问题,注重让学生懂得劳动的意义

[①] 张铭.高师院校劳动教育评价指标体系构建初探[J].安庆师范大学学报(社会科学版),2021,40(1):121-124+128.

和价值,加强劳动观念、劳动纪律、劳动相关法律法规的正面引导,让学生明辨是非。二是围绕如何做的问题,注重示范与练习,强化规范意识、质量意识和专注品质,让学生会劳动,引导学生关注细节,注重学生对操作行为的评估与监控,做到眼到手到心到,有始有终。三是围绕劳动能力的培养,让学生经历完整的劳动过程,引导学生从现实生活中发现需求,充分发挥学生的主动性、积极性、创造性,不断优化行动方案,强化身体力行,锤炼意志品质,敢于在困难与挑战中完成行动任务。四是围绕劳动价值意义的建构,引导学生总结、交流,指导学生思考劳动过程和结果与社会进步、个体成长的关联,促进学生形成反思交流习惯,使学生在劳动中获得成长。

此外,还需要注重对学生劳动素养的评价。通过学生平时表现进行评价,在平时劳动教育实践活动中及时进行评价,以评价促进学生发展。关注学生在劳动教育活动中的实际表现,注重从行为表现中分析把握劳动观念形成情况。以自我评价为主,指导学生进行反思改进,如实记录劳动教育活动情况,收集整理相关制品、作品等,选择代表性的写实记录,纳入综合素质档案,作为学生学年评优评先的重要参考。在学段结束后对学生进行综合评价,依据学段目标和内容,结合综合素质档案分析,兼顾必修课学习和课外劳动实践,对劳动观念、劳动能力、劳动精神、劳动习惯和品质等劳动素养发展状况进行综合评定。建立诚信机制,实行写实记录抽查制度,高等学校要将考核结果作为毕业依据之一,推动将学段综合评价结果作为学生升学、就业的重要参考。[①]

(五)第三方机构

高校劳动教育的开展并不局限于学校,社会各企业等第三方机构是实施劳动教育的重要场所和实践基地,引导第三方机构为学生开展劳动提供必要

[①]教育部关于印发《大中小学劳动教育指导纲要(试行)》的通知[EB/OL].http://www.moe.gov.cn/srcsite/A26/jcj_kcjcgh/202007/t20200715_472808.html

服务,让学生能在实际岗位中了解真实的劳动,是教育与生产劳动相结合的应有之义。同时,在高校劳动教育评价中,引入第三方机构,有助于提升劳动教育评价的客观性和公平性。

一方面,要联合社会力量,共建共享稳定的劳动实践基地、校外实习实训基地、各类型创新创业孵化平台,多渠道拓展劳动实践场所。地方教育行政部门要统筹规划和配置劳动教育实践资源,满足学校多样化劳动实践需求。充分利用现有综合实践基地、青少年校外活动场所、职业院校和普通高等学校劳动实践场所,建立健全开放共享机制,特别是充分利用职业院校实训实习场所、设施设备,为普通高等学校提供所需要的服务。可安排一批土地、山林、草场等作为学农实践基地,确认一批厂矿企业作为学工实践基地,认定一批城乡社区、福利院、医院、博物馆、科技馆、图书馆等事业单位、社会机构、公共场所作为服务性劳动基地。推动学校充分利用校内学习、生活有关场所,逐步建好配齐劳动技术实践教室、实训基地,丰富劳动教育资源。

另一方面,充分利用社会各方面资源,为劳动教育提供必要保障。各级政府部门要积极协调和引导企业公司、工厂农场等组织履行社会责任,开放实践场所,支持学校组织学生参加力所能及的生产劳动、参与新型服务性劳动,使学生与普通劳动者一起经历劳动过程。鼓励高新企业为学生体验现代科技条件下劳动实践新形态、新方式提供支持。工会、共青团、妇联等群团组织以及各类公益基金会、社会福利组织要组织动员相关力量、搭建活动平台,共同支持学生深入城乡社区、福利院和公共场所等参加志愿服务,开展公益劳动,参与社区治理。高等学校要充分发挥自身专业优势和服务社会功能,建立相对稳定的实习和劳动实践基地。[①]

[①]中共中央国务院关于全面加强新时代大中小学劳动教育的意见[EB/OL].http://www.moe.gov.cn/jyb_xxgk/moe_1777/moe_1778/202003/t20200326_435127.html? from=timeline&isappinstalled=0

高校劳动教育评价是一个多元主体参与的评价过程,教育管理部门是劳动教育的督导主体,学校是劳动教育的参与主体、教师是劳动教育的落实主体,学生是学习的主体,第三方机构是劳动教育的社会支持主体,他们都以直接或者间接的方式参与劳动教育,对劳动教育过程产生一定的影响。高校劳动教育需要教育管理部门、学校、教师、学生、第三方机构形成教育合力,在进行劳动教育评价时,可以从劳动教育的多场域、多主体的特点出发,形成学生自评、生生互评、教师导评,以及教育管理部门、学校、第三方机构各方面齐抓共评、协同评价的机制,通过多主体协同评价,充分利用各类劳动教育资源,发挥社会机构、企事业单位支持劳动教育的应尽义务和协同责任,为劳动教育评价提供更为多元、更为宽广的文化环境。

三、新时代高校劳动教育评价的内容

在建设中国特色社会主义的新时代,劳动教育成为构建"德智体美劳全面培养的教育体系,形成更高水平的人才培养体系"的重要组成部分。为推进高校劳动教育实践,应当把握新时期劳动教育的本质自然性、目标改造性、概念发展性、内涵统领性、内容强联结性、执行适度性、价值召唤性和评价自发性等特征,[1]进一步确立劳动教育在"五育并举"中的地位。高校劳动教育实践评价指标的建立,需要将促进劳动教育与学生的品德养成教育、幸福生活教育、职业生涯教育等结合起来进行衡量,克服仅从物质奖励或激励的视角来考虑劳动教育的价值观念,注重对学生品质、劳动韧性及劳动精神的追求引领。具体而言,新时代高校劳动教育评价的内容涉及如下五个方面。

---

[1]王连照.论劳动教育的特征与实施[J].中国教育学刊,2016(7):89-94.

(一)劳动观念养成

劳动教育是新时代党对教育的新要求,是中国特色社会主义教育制度的重要内容,是全面发展教育体系的重要组成部分,[1]把劳动教育纳入人才培养全过程,贯通大中小学各学段,贯穿家庭、学校、社会各方面,与德育、智育、体育、美育相融合,[2]是新时代劳动教育最基础的特性。新时代的劳动教育内涵已然发生了变化,一方面,劳动教育作为一种教育内容,培养学生劳动知识和技能,服务社会生产和发展,具有一定智育性质,这种外向性目标指向的是生产劳动本身;另一方面,劳动教育是以劳动形式为手段开展教育,这种内向性目标指向人精神层面的提升和完善。[3]

具体而言,新时代高校劳动教育评价的对象,即大学生劳动观念的养成包括如下四个方面。首先,新时代劳动教育是劳动价值观的教育。"促进学生形成正确的世界观、人生观、价值观,通过劳动教育,使学生能够理解和形成马克思主义劳动观,牢固树立劳动最光荣、劳动最崇高、劳动最伟大、劳动最美丽的观念;具备满足生存发展需要的基本劳动能力,形成良好劳动习惯。"从《关于全面加强新时代大中小学劳动教育的意见》确立的"指导思想"和"总体目标"来看,学校劳动教育的根本性质是劳动价值观教育。正确理解新时代劳动教育本质属性有助于从整体上把握劳动教育内涵的全貌,有利于平衡好学校劳动教育发展性功能和约束性功能。[4]其次,新时代劳动教育是坚持综合育人理念的教育。新时代劳动教育立足于人的整体性和全面性发展,强调遵循教育

---

[1]教育部关于印发《大中小学劳动教育指导纲要(试行)》的通知[EB/OL].http://www.moe.gov.cn/srcsite/A26/jcj_kcjcgh/202007/t20200715_472808.html

[2]中共中央国务院关于全面加强新时代大中小学劳动教育的意见[EB/OL].http://www.moe.gov.cn/jyb_xxgk/moe_1777/moe_1778/202003/t20200326_435127.html?from=timeline&isappinstalled=0

[3]张铭.高师院校劳动教育评价指标体系构建初探[J].安庆师范大学学报(社会科学版),2021,40(1):121-124+128.

[4]张应强.新时代学校劳动教育的定性和定位[J].重庆高教研究,2020,8(4):5-10.

规律,"以体力劳动为主,注意手脑并用、安全适度,强化实践体验",突出社会性和实践性,这对健全和完善学生人格发挥着重要作用。认识劳动教育的综合育人性,劳动教育促进人全面发展的重要作用,以及理解与把握劳动教育与劳动技术课、通用技术课、综合实践课之间的区别与联系,是对劳动教育的专门属性进行理性认知的前提。再次,新时代劳动教育是融合传统劳动与新型劳动的教育。随着现代信息技术迭变,人类社会已迈入了以大数据、云计算、智能机器人、区块链为标识的智能时代,传统劳动方式和组织形态发生深刻变革,劳动尤其是大学生劳动越来越呈现出创造性、协作性、非物质性的特点。[①]加之我国"双创"战略的稳步实施,以及后疫情时代灵活就业和平台就业涌现,都对新劳动教育提出了更高要求,亟须动态平衡好、融合好传统劳动教育与新型劳动教育,进而实现劳动教育再发展。普通高等学校要注重结合产业新业态、劳动新形态,选择现代农业、工业、服务业项目,提升创造性劳动能力。最后,新时代劳动教育是与德育、智育、体育、美育互蕴互涉的教育。德、智、体、美、劳五育存在于"整体的教育"之中,若只空谈劳动教育,将失去其独特存在的价值。通常而言,德育侧重于解决教育对象的世界观、人生观问题,智育侧重增进知识、开发智能,体育促进身体发育和机能发展,美育陶冶情操、塑造心灵,而劳动教育则侧重培养劳动观念,培育劳动技能。"五育并举",才能培养出全面发展的人,"五育"之间更多的是互蕴互摄的关系。劳动教育在本质上属于社会教育领域,学校劳动教育只是劳动教育实施的途径之一。只有强调系统性、整体性与协同性的有机统一,才能更好地推进学校劳动教育发展。[②]

(二)劳动知识体系

劳动教育课程是学生获取劳动知识的主渠道。学生须通过学科课程、校

[①]潘玉驹,陈文远.新时代大学生劳动教育改革的实现路径[N].光明日报,2019-06-06(05).
[②]石丹淅,赖德胜.新时代劳动教育的价值意蕴与实践策略[J].劳动教育评论,2020(3):70-85.

内外劳动实践等途径,掌握能解决实践问题的具体劳动知识。然而,劳动知识的内容丰富且庞杂,无法对其进行客观评价。因此,对新时代高校劳动教育评价内容中的知识体系评价可以转换成对劳动教育课程体系的评价,即对高校劳动教育课程的丰富程度进行测评。

1. 劳动教育课程的开设

整体优化学校课程设置,将劳动教育纳入普通高等学校人才培养方案,需要形成具有综合性、实践性、开放性、针对性的劳动教育课程体系。[①]高校要明确劳动教育主要依托课程,可在调查学生兴趣与社会需要的前提下开设专门的劳动教育专题课,使用专门的劳动教育课程教材,编写校本教材,本科阶段不少于32学时;也可在已有课程中专设劳动教育模块,注重在各专业学科教育中渗透劳动教育内容,并把握不同学科渗透劳动教育内容的侧重点。如将劳动教育有机纳入专业教育、创新创业教育,不断深化产教融合,强化劳动锻炼要求,加强高等学校与行业骨干企业、高新企业、中小微企业紧密协同,推动人才培养模式改革。专业类课程主要与服务学习、实习实训、科学实验、社会实践、毕业设计等相结合开展各类劳动实践,注重分析相关劳动形态发展趋势,强化劳动品质培养等。劳动教育课程内容应加强马克思主义劳动观教育,普及与学生职业发展密切相关的通用劳动科学知识,并经历必要的实践体验。高等学校可安排劳动月,集中落实各学年劳动周要求。根据需要编写劳动实践指导手册,明确教学目标、活动设计、工具使用、考核评价、安全保护等劳动教育要求。

2. 开展校内外劳动教育

注重围绕创新创业,结合学科和专业积极开展实习实训、专业服务、社会

[①] 中共中央国务院关于全面加强新时代大中小学劳动教育的意见[EB/OL].http://www.moe.gov.cn/jyb_xxgk/moe_1777/moe_1778/202003/t20200326_435127.html?from=timeline&isappinstalled=0

实践、勤工助学等,重视新知识、新技术、新工艺、新方法应用,创造性地解决实际问题,使学生增强诚实劳动意识,积累职业经验,提升就业创业能力,树立正确择业观,具有到艰苦地区和行业工作的奋斗精神,懂得空谈误国、实干兴邦的深刻道理;注重培育公共服务意识,使学生具有面对重大疫情、灾害等危机主动作为的奉献精神。此外,创新劳动教育主题形式,开展校内主题劳动、公益劳动、义务劳动、服务劳动等,提供家政、烹饪、手工、园艺、非物质文化遗产等可选学的劳动教育内容;注重校内体力劳动、智力劳动与劳动教育内容方面的衔接与引导。高校要适时与校外机构进行合作,注重校外生产劳动,学农、学工、学商劳动实习,形成劳动教育实践安排内容序列化;积极开展校外公益劳动、生存性劳动、社会实践、志愿者服务劳动等。

(三)劳动教育实践活动

根据劳动教育目标,针对不同学段、类型学生特点,以日常生活劳动、生产劳动和服务性劳动为主要内容开展劳动实践活动。评价学生是否积极参与日常生活劳动,完成个人物品整理、清洗,自觉做好宿舍清扫和垃圾分类,巩固良好劳动习惯,提高劳动自立自强能力,创建一个安静、整洁、卫生、舒适的学习生活环境。如早睡早起,按时作息;勤洗澡、勤理发、勤换洗衣服,养成良好的个人卫生习惯;仪表大方,衣着整洁,举止端庄,用语文明,待人礼貌;积极参加各种生活劳动、公益活动,不逃避、不消极怠慢,不损坏各种设施和劳动工具,尊重他人劳动成果等。以宿舍卫生检查为考核手段,对在宿舍卫生和个人卫生中成绩突出的给予表彰和奖励。

评价学生是否运用专业知识,在真实的生产环境和社会工作环境中开展真实任务的劳动实践活动,体验生产劳动过程,掌握专业劳动知识,提升专业劳动能力。生产劳动实践是学生利用专业知识,在真实环境完成真实任务的活动。人文社会科学类专业学生的生产劳动实践要与专业实习、社会实践、田野调查、毕业实习、毕业论文等有机结合；自然科学类专业学生的生产劳动要结合生产实习、专业实习、工程实训、毕业设计等开展。考核方式可以学生专业综合类实习成绩（如专业实习成绩、毕业实习成绩、展览成绩、表演成绩等）为主，若专业有多项综合实习，此项考核成绩可为多门实习课程成绩的平均值。

评价学生是否积极参与教室、食堂、校园场所的卫生保洁、绿化美化和管理服务等公益劳动实践，以及"三支一扶"、大学生志愿服务西部计划、"青春红色逐梦之旅"、"三下乡"等志愿服务性社会实践，强化学生公共服务意识和主动奉献精神，提高学生综合劳动能力。服务性劳动实践包括公益劳动实践和志愿服务实践两类。公益劳动实践，如协助会务人员做好校内各种会议、会场的宣传布置工作，了解宣传栏、横幅等的设计、排版、制作、摆放等知识；协助食堂工作人员做好学生就餐引导，组织学生有序就餐，文明就餐，做到"不插队，不拥挤，不喧哗"；积极参加社会组织、学校、学院举办的各种公益活动，服从组织领导，做好本职工作等。志愿服务实践，如积极参加"祭奠祖先、缅怀先人"烈士陵园服务活动；积极响应"三支一扶"计划、大学生志愿服务西部计划等号召，到西部农村地区基层从事支教、支农、支医和乡村振兴服务工作；积极参加社会组织、学校、学院举办的各种志愿服务活动，服从组织领导，做好本职工作等。考核活动的真实性、有效性，以及对学生成长和发展的促进作用。

（四）劳动技能训练

劳动教育十分关注学生的动手操作与实践能力，注重学生在劳动实践中养成劳动素养。因此，高校劳动教育评价要引导学校积极建设劳动教育实训基地，加强对现有劳动教育社会资源的开发与利用。譬如，引导高校善于利用高职院校、高新企业建立的职业技术、工程技术等方面的设施与设备来丰富学生劳动技能的培养,丰富学生开展劳动的体验与职业体验,提升学生对劳动创造生活的领悟力以及对技术、技能型人才的尊重,获得对自身生涯发展的理性认知。"坚持理论教育与实践养成相结合,整合各类实践资源,强化项目管理,丰富实践内容,创新实践形式,拓展实践平台,完善支持机制,教育引导学生在亲身参与中增强实践能力,树立家国情怀。"[1]高等教育培养学生的劳动技能,主要是培养专业技能,除课堂的理论教学、制度保障、学生思想意识的转变外,学校还要将提升学生劳动素养纳入学校实践育人立体网络体系之中,将学生的劳动教育融入实践活动和专业劳动技能培训当中。学校可通过设置勤工助学岗位,帮助家庭困难学生通过劳动实践自食其力,通过诚实劳动和辛勤劳动实现自身价值,增强劳动技能,提升劳动素养。在各类学生活动中融入劳动教育,加强学生劳动素养的培育。例如,通过春季植树活动、学雷锋活动、社区服务等让学生深入劳动一线,拓展劳动技能,培养学生的劳动实践能力。通过举办"五月劳动文化节"品牌系列活动加强学生对劳动文化的理解。开展"劳动主题诗词朗诵会",充分展示"古今中外"讴歌劳动的诗词、名言名句、经典著作,以寓教于乐的方式开展劳动教育,特别是邀请劳动模范参与其中,通过他们的激情朗诵,让同学们切身领悟劳动精神,让广大学生在活动中感悟劳动与奋斗,感悟初心与使命。这些形式新颖、内容多样的活动不仅可以丰富学生的课余生活,而且也让学生在参加活动的同时,全面、综合地提升个人的劳动素养,增强劳动实践技能。[2]

专业性劳动技能是学生在专业教育中必备的核心技能,是学生对与职业发展密切相关的劳动知识和劳动技能的掌握。人文社会科学类专业劳动技能

---
[1]中共教育部党组关于印发《高校思想政治工作质量提升工程实施纲要》的通知[EB/OL].http://www.moe.gov.cn/srcsite/A12/s7060/201712/t20171206_320698.html
[2]许涛,张依宁.论"三全育人"视阈下大学生劳动素养培育体系建构[J].劳动教育评论,2020(2):55-68.

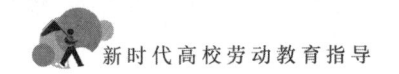

的习得要与专业实践、社会实践、田野调查等有机结合;自然科学类专业要结合课程实践、专业实验、生产实践、工程实训等,深入开展各类创新性劳动实践活动。因此,高校要将劳动教育充分融入国防教育训练、职业体验、社会实践、实习实践等环节的活动当中,使学生真正体验劳动。例如,组织学生参加高校学生军事特训营活动,磨炼学生意志品质,增强学生国防观念,激发学生献身国防、报效国家、牢记使命、奋斗青春的思想共识和自觉行动。充分利用实习工厂、实训车间、校外实习基地等作为开展劳动实践的场所,让学生走进企业,置身于劳动现场,让劳动实践不流于形式,通过实践培养大学生的综合劳动素养。高校要在大学生活动及实习、实践活动的基础上,对学生开展大量有针对性的就业、创业指导,大力拓展培育劳动技能及劳动素养的场所,以满足学生走出校园、开阔眼界、深入社会的多样化需求,要充分发挥学校学科专业优势和服务社会的功能,建立相对稳定的实习和劳动实践基地。同时,有较高劳动技能的教师要对在实习、实践基地参与劳动的学生加以引导。比如,有些高校通过收集劳模校友信息,发挥劳模资源优势,拓展劳动实践基地建设,聘请劳动模范担任兼职辅导员,让劳模深入学生的日常学习与生活,对学生开展劳动教育,并通过劳模兼职辅导员的引领,将"劳模精神""劳动精神""工匠精神"融入教育实践活动中。

(五)创造性劳动实践

创新性劳动思维直接作用于创新性劳动能力,创新劳动观在劳动过程中能够调动其他思维从而产生新颖的、独到的、更有积极意义的社会劳动成果。创新是全社会经济高质量发展的强大引擎,在推进国家治理体系和治理能力现代化中起到重要作用。虽然创新劳动观教育针对的是对学生劳动思想观念层面的教育,但实际上培育的却是实践主体的劳动创造力。因此,创新思维和创造能力都是高技能劳动人才必不可少的劳动技能。[1]

所谓创造性劳动是指能够创造不同使用价值的劳动。创造性劳动与重复性劳动不同,重复性劳动的价值呈边际递减趋势,而创造性劳动呈边际递增规律。[2]可见,学校的生产劳动教育有必要结合产业结构转型升级和现代化经济体系建设的新要求,向学生讲清楚劳动的传统形态与新形态的辩证关系。一方面,要加强引导学生体会劳动人民的辛勤与智慧,继承优秀的传统劳动文化精神;另一方面,也要注重加强引导学生积极参与到使用新知识、新技术、新方法的劳动中去,让学生在工农生产过程中直接经历从简单劳动、原始劳动到复杂劳动、创造性劳动的发展过程,学会运用现代化信息技术工具,增强创造性劳动带来的产品增值效应意识,从而更好地让学生认识新形势下的劳动新形态。当前,产学研一体化视域下,第三产业的快速发展催生着学校劳动教育的现代性转换。面对经济新形态、产业新业态的时代背景,学生如何正确认识劳动新形态以及如何掌握劳动新技能是目前学校劳动教育必须关注的现实大课题。因此,把创造性劳动观教育作为思想政治教育、劳动教育和职业教育的新内容,加强学生对创造性劳动的知识教育,是新时代我国经济进入新常态后对劳动观教育的必然要求。

此外,开展树立创造性劳动观的实践锻炼活动。培育创造性劳动观,要关注时代变化,回归理论现实。目前,现代化经济体系对高校劳动人才的供给需求已转化为产业结构转型升级对高校育人体系复合型人才供给的需求上。习近平总书记指出,广大青年"要敢于做先锋,而不做过客、当看客,让创新成为青春远航的动力,让创业成为青春搏击的能量"。[3]引导青年学生拥抱新时代,

---

[1]何福君,刘洪.论构建新时代劳动观教育的五个维度[J].劳动教育评论,2020(4):92-103.
[2]都阳.劳动力市场变化与经济增长新源泉[J].开放导报,2014(3):31-35.
[3]习近平:在知识分子、劳动模范、青年代表座谈会上的讲话[EB/OL].http://www.xinhuanet.com/politics/2016-04/30/c_1118776008.htm

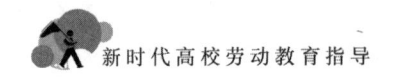

认识新劳动,树立新思想,要以润物细无声的教育方式帮助学生开展创造性劳动实践。高校要积极营造创新性的劳动文化氛围,尽量多鼓励学生在专业实践中尝试新方法、探索新技术、解决新问题,组织学生广泛参与各种创新创业的比赛活动,如"互联网+"大学生创新创业大赛、"挑战杯"中国大学生创业计划竞赛、国家级大学生创新创业训练计划项目等,培养学生的创新精神和实践能力,将学生参加创造性劳动实践的表现纳入综合考评。利用"融媒体"网络平台的独特优势宣传在创造性劳动实践活动中涌现出的学生劳动典型,激励高校学生在实践活动中放眼国内甚至国际各大学的竞赛活动,考核学生结合专业知识开展高水平创造性或竞技类活动的能力,包括专业性创造性劳动实践和综合竞赛类创造性劳动实践。在现有劳动观的教育体系下,创造劳动观的教育不仅要加强校内理论课堂的知识性教育,也要加强校外实践课堂的教育。例如,学校可以将校园公共卫生区的劳动服务项目经由物业公司转接承包给正在创新创业的校内学生,强化校企合作,发挥校企育人合力。

四、新时代高校劳动教育评价的方法

量化评价和质性评价是进行劳动教育评价的主要范式,量化评价和质性评价各有特点,在劳动教育评价中承担着不同的任务。"量化评价注重数据分析,质性评价注重事实认识和价值认识的结合。"[1]如果简单地用量化的方式来呈现,并不能准确地表现出大学生在劳动教育中的收获与成长,而定性评价具有一定的笼统性和模糊性,容易得出千篇一律的结论。[2]二者的结合更能准确反映高校劳动教育的成效,实现评价方法科学化,并为劳动教育的完善与发展提供可靠的信息。

[1]王本陆.课程与教学论[M].北京:高等教育出版社,2009:276.
[2]戴家芳,朱平.论对劳动教育成效的评价[J].中国德育,2017(9):34-37.

(一)量化评价

量化评价方法是根据劳动教育目标,通过编制问卷、量表等对学生进行调查测试,并按照一定的标准对测试结果加以量化分析的一种评价方法。量化评价的优点是逻辑性强,标准化和精确化程度较高,能对评价对象的因果关系做出精确分析,结论也更为客观和科学。量化评价主要有调查研究法、实验法等。

1.调查法

调查法是有目的、有计划、有系统地搜集有关研究对象的现实状况或历史状况的数据和材料,借以发现问题、探索规律的一种方法。调查法可以不受时间和空间的限制。调查法是科学研究中一个常用的方法,在描述性、解释性和探索性的研究中都可以运用调查法。它一般通过抽样的基本步骤,多以个体为分析单位,通过问卷、访谈等方法了解调查对象的有关信息,加以分析来开展研究。新时代高校劳动教育的实施情况、评价现状都可通过调查法来研究。具体而言,首先要明确调查目的与对象,设计关于劳动教育实施与评价的问卷与访谈提纲,进行预调查,多次修改问卷设计维度与量表,以提高调查数据的信度;其次,对调查数据进行仔细分析,分类整理访谈资料,归纳总结出调查结论;最后,剖析调查对象存在的问题并进行归因分析,提出相应的改进措施。了解调查法的一般步骤,有助于我们对劳动教育情况进行调查时保证调查数据和资料的完整性、有效性和全面性。

2.实验法

实验法是在人工控制教育环境的情况下,有目的、有计划地观察教育现象的变化和结果的方法。它是依据一定的理论假说,在教学实践中进行的,运用必要的控制方法和策略,变革研究对象,探索对象变化的因果规律的一种科学研究方法。可预见性和可干预性是实验法最显著的两个特点。在高校实施劳动教育的过程中,为了判定劳动教育在哪些方面给学生带来了变化,可以采用

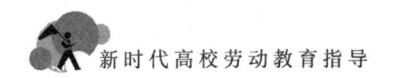

实验法进行探索研究。选取部分学生作为对照组,在同样的大环境条件下,改变某些自变量,尽量保持其他因素的一致性,逐渐探索出最适合高校学生的劳动教育形式、内容、手段,以及对劳动教育效果进行量化评价。

(二)质性评价

实际上,影响制约劳动教育评价的变量很多,所建立的量化指标体系也只能考虑有限的变量,容易忽略劳动教育中那些不可测量的重要内容,从而影响劳动教育评价的信度和效度。因此,质性评价应运而生,质性评价的重点在于对评价信息的收集、整理与评价结果的呈现都充分发挥教育主体的作用,并以特定的形式呈现研究的内容与结果。质性评价尊重现实,对问题的认识较为真实而全面。它最突出的特点就是对人的尊重:评价者本人是主要的评价工具,从评价对象的角度去解释评价对象及其行为的深层意义,所关注的是被评价对象自己的看法,尊重评价对象对自己行为的解释。观察法、行动研究法、叙事研究法等都是质性评价的重要方法。

1.观察法

观察法是指研究者根据一定的研究目的、研究提纲或观察表,用自己的感官和辅助工具去直接观察被研究对象,从而获得资料的一种方法。科学的观察具有目的性和计划性、系统性和可重复性。在高校劳动教育活动中,评价者通过观察学生在劳动过程中表现出的劳动观念、劳动行为和劳动习惯的变化情况,可以推断出学生在劳动教育中所处的阶段,帮助教师更好地选择和确定劳动教育内容和方式,实现因材施教。此外,在观察中可能会发现一些有趣的小故事,这些故事能够为学生劳动日志、劳动成长档案袋提供直接的一手资料,能比较真实地反映学生在劳动教育中不断进步的过程,注重对劳动教育过程的评价,实现"不比基础比进步"的劳动教育增值性评价。

2.行动研究法

行动研究法是一种适应小范围内教育改革的探索性的研究方法,其目的不在于建立理论、归纳规律,而是针对教育活动和教育实践中的问题,在行动研究中不断地探索、改进和解决教育实际问题。行动研究法将改革行动与研究工作相结合,与教育实践的具体改革行动紧密相连。新时代高校劳动教育评价行动研究是以现有高校劳动教育评价中存在的问题为出发点,观察、反思高校劳动教育评价现状,以提高劳动教育质量、解决实际问题。近年来,劳动教育被淡化、弱化、软化成为不争的事实,甚至还出现了一些"异化""污名化"现象。一些青少年中也出现了不珍惜劳动成果、不想劳动、不会劳动的现象,与社会主义建设者和接班人的培养要求有较大差距,严重影响了青少年的健康成长和全面发展。行动研究法能够在劳动教育评价中正视和省察这些问题,通过观察反思之后批判总结,促进这些现实问题的有效解决和劳动育人功能的实现。

3.叙事研究法

叙事研究法是质的研究运用的一种表现形式,它是通过微观层面的细小事件的质的描述,来阐述流动在现象背后的真实,可以说是教育科学研究的一种新的范式。新时代高校劳动教育评价叙事研究是研究者以叙事、讲故事的方式表达对劳动教育评价的理解和解释,是教师在劳动教育评价活动中对实事、实情、实境和实际过程所作的记录、观察和探究,从而获得对劳动教育评价的解释性意见。它不直接定义劳动教育评价是什么,也不直接规定劳动教育评价应该怎么做,它让读者从故事中体验劳动教育评价是什么或应该怎么做。例如,在对劳动教育进行评价时,可以将具体劳动情况和相关事实材料记入学生综合素质档案,并作为升学、评优的重要参考,有效利用劳动日志、劳动成长档案袋等方式让教师、家长和学生自身都能够清楚地看到学生不断进步的过程,以便了解学生在参与劳动教育活动中发生的一些小故事,探索学生劳动行为的变化过程,分析学生劳动观念的新旧更替等。运用这种方法,研究在劳动教育活动中发生的故事,从而挖掘并认识隐含在复杂多变的劳动教育实践中的深层规律,在反思中探寻事件或行为背后所隐含的意义、理念和思想,是叙事研究的应有之义。

　　质性评价是作为对量化评价的反思、批判而出现的。但从根本上讲,质性评价本质上并不排斥量化评价。质性评价与量化评价从不同的侧面,用不同的方法对事物进行评价。在劳动教育评价领域中,它们是互为补充的。在高校劳动教育评价中,质性评价与量化评价的结合包括两个方面。一方面,在劳动教育评价中,既要注重对高校学生劳动知识与技能的量化评价,也要积极关注学生的劳动情感、态度、价值观,并将之进行质性评价。同时,高校劳动教育评价也要尊重学生差异性,认可学生在劳动活动中表现出的个体独特性,避免用分数或等级的形式直接呈现评价结果,保护学生自尊心。①另一方面,需要构建全过程、动态的多元化多层次考核评价体系。多元化评价,即评价主体多元、评价方式多元和结果呈现多元。主体多元,指参与评价的主体包括教育管理部门、学校、教师、学生、第三方机构等;方式多元,指配合教学内容和目标,采用包括笔试、口试、谈话、实操、调研报告、实践项目等在内的多样化的检测方法;呈现多元,是指评价结果采取"量化+质化"的呈现形式,展示学生在不同方面所具备的潜质。多层次评价就是将结果评价与过程评价、当前评价与长远评价、定期评价与非定期评价等相结合,以实现由量到质,从劳动知识、劳动技能等到劳动情感、劳动价值观、劳动习惯等的全方位、立体化评价,②进而提升高校劳动教育评价的科学性和实效性。

---

①陈含笑,徐洁.中小学劳动教育评价的意义、困境与对策[J].教师教育论坛,2020,33(12):12-15.
②李鹏.高职劳动教育考核与评价研究[J].人民论坛,2020(10):112-113.

第三节

新时代高校劳动教育评价实施与检验

把劳动教育纳入教育督导体系,完善督导办法,对高校劳动教育开课率、学生劳动实践组织的有序性,教学指导的针对性,保障措施的有效性等进行指导和评价,有助于推动高校劳动教育的实施,提升高校劳动教育的成效。评价不可避免地带有一定的主观色彩,如何克服评价的主观性,使高校劳动教育评价做到尽量客观、准确是需要进一步探讨的问题。因此,高校劳动教育评价的实施与检验要体现其客观性、公平性,并提升其实效性。

一、新时代高校劳动教育评价的实施

新时代高校劳动教育评价的实施步骤一般包括准备阶段、实施阶段、总结与反思阶段。

(一)准备阶段

新时代高校劳动教育评价准备阶段的工作主要涉及解析背景、设计方案和确定评价人员。

1.解析高校劳动教育评价的背景

高校劳动教育评价背景的分析包括社会背景的分析、劳动教育实施进程重要问题分析以及评价主体的心理分析等。社会背景分析的重点在于确定社会对劳动教育的要求,但背景分析可根据评价主体所具有的不同特点而有所侧重,对于高校来说,社会对高校劳动教育的要求表现为培养出能适应社会、

促进社会发展的职业性和专业性劳动人才。劳动教育实施进程的重要问题是指曾经或正在对劳动教育实施全局产生深远影响的问题。分析这些问题,主要是弄清问题的起因、性质、影响因素及后果等。分析评价主体的心理,主要是了解作为评价主体的教育管理部门、学校、教师、学生以及第三方机构有无心理准备,对评价持何种态度和预期等。

2.设计劳动教育评价方案

劳动教育评价方案是一种规定评价内容、范围、手段与程序的顶层设计,它的形成是劳动教育评价顺利实施的重要前提。一般而言,比较完整的劳动教育评价方案包括如下六个方面的内容:(1)劳动教育评价目标,即指明本方案对学生、学校和社会有何目标要求,需要达到何种结果;(2)劳动教育评价准则,制定了评价的基本依据、准则、规范和要求;(3)与准则相应的权重,表明各条准则的相对重要性;(4)劳动教育评价对象,规定了评价的主要内容;(5)量表和标准,提供必要的测量尺度和依据;(6)各类用于收集信息的表格等。

设计劳动教育评价方案的主要步骤为:第一,确定劳动教育评价目标;第二,根据评价目标设计评价指标。评价指标是评价目的的具体化,是评价方案的核心;第三,对评价指标进行逻辑上的分类,并构建指标体系,同时对各指标赋予相应的权重;第四,确定测验的量表和评价标准;第五,设计收集信息的各种表格等。

3.确定评价人员

由于劳动教育评价对象与实施单位的不同,评价人员往往不同。选择合适的评价人员是确保劳动教育评价顺利实施的关键之一。一般来说,评价人员不仅要有相应的劳动教育知识,而且要有公平公正的品格和应有的劳动教育评价理论与技术。在缺乏合适人员的情况下,有关方面要组织适当的培训,使评价人员熟悉劳动教育评价的有关理论与技术,成为合格的评价者。

(二)实施阶段

这一阶段的主要任务包括预评价和再评价。

1.预评价和再评价的功能

预评价是指教师对自身开展的劳动教育的评价。之所以将教师的自我评价作为劳动教育评价的第一阶段,主要是因为它具有如下功能:(1)可以为后续评价提供较为充分的准备信息。教师对自身开展的劳动教育的情况最为熟悉,如果教师对劳动教育评价具有正确的认识,则其可提供较全面甚至较深刻的信息。这为再评价打下了良好的基础;(2)为教师接受和理解再评价及其结果做好思想准备。教师的自我评价实际上是自我诊断,借此可发现自己的成就与不足。如果这种评价建立在客观基础之上,则可以作为教师理解和接受再评价的正面参照。如果教师在自我评价中有一定的自我保护意识,则自我评价的结果可能失真,并与再评价结果有较大距离。当然,当教师的自我评价与再评价结果不一致时,则可能引发教师的反思,并将自我评价作为参照,深入理解再评价的结果,从而对自己的评价及其他工作进行全面改进。

再评价又称为确定性评价,一般由劳动教育评价专家实施。在正常的情况下,它具有如下特性:一是具有较高的可靠性。因为再评价的主体是劳动教育外部的专家,不是利益相关者,他们不仅具有丰富的知识和经验,而且熟练掌握了评价技术,其评价的整体素养较高,由他们进行劳动教育评价,其结果更为可靠;二是更具有客观性。由于再评价主体与评价客体非同一性,即不同于教师自我评价,因而专家作为评价主体相对独立,更为客观公正,能够更客观地实施评价。

2.注意事项

新时代高校劳动教育评价实施中的重要工作之一是收集有关信息,比如通过请有关人员填写评价表等收集信息。而收集信息的工作重点要在全面性、可靠性和有效性等方面下功夫。信息的全面性是指高校劳动教育的评价信息应来自于多渠道而不是单方面,信息应覆盖劳动教育活动的全部或大部分;信息的可靠性是指评价信息是真实的、有根据的;信息的有效性则是评价信息能如实地反映劳动教育的质与量。这三个方面是密切相关的,全面性与可靠性常常是正比例关系,而有效性是可靠性的重要前提,也是全面性的必要条件,没有有效性,全面性和可靠性是无法成立的,同样,全面性与可靠性也给予有效性一定的影响。

调查是高校劳动教育评价中具体实施、收集信息的主要方法。按照所获信息的性质来分,基于调查对象的不同,可以分为证实性、疑问性、评估性与经验性四种调查。证实性调查是对已有评价材料进行证实与证伪的调查,例如根据学校报表逐件核实劳动教育实施情况的调查;疑问性调查是因对初步获得的评价信息有不理解或可疑之处而进行的调查;评估性调查是了解教师对开展劳动教育的态度或情感的调查。因此,它与只了解劳动教育的客观情况的证实性调查和疑问性调查存在一定的区别;经验性调查是个别意义的调查,主要是了解教师在劳动教育及其评价中的经验或问题。

(三)总结与反思阶段

新时代高校劳动教育评价的总结与反思阶段的主要任务包括综合判断、诊断关键问题、分析评价的质量以及反馈评价的信息。[1]

综合判断是从总体上对高校劳动教育做出定性或定量的描述,必要时得

---

[1] 李森,宋乃庆.基础教育概论[M].成都:四川教育出版社,2004:272-273.

出关于高校劳动教育是否达到应有的标准或在同类对象中处于何种等级的结论。诊断关键问题是对评价中发现的影响劳动教育实施全局的问题进行深入分析,找出问题存在的原因,以便师生有针对性地改进工作。分析评价活动本身的质量,一方面,以便进一步修改评价方案,使之后的评价工作做得更好;另一方面,避免按照不合理的评价结论决策,造成工作上的失误。如果评价活动本身质量不高,则其结论可能不正确,这不仅影响有关教育部门的决策,而且也对后续工作产生不良的导向。反馈评价信息的形式可因具体情况的不同存在差异,除了向上级部门反馈外,往往要让教师或所属主管部门掌握评价结论,以便教师个人或单位有针对性地改进劳动教育实施过程。如有必要,还可在适当的范围公开评价过程和结果,使同行能相互借鉴、督促和鞭策。但公开评价情况容易引起不必要的误解或矛盾,故应当慎行。在反馈评价结论时,应使用描述性的语言,而不是评价性的语言。无论被评价的教师得到什么样的结果,反馈都仅仅只是针对事情本身,充分体现评价的教育性和建设性作用。

二、新时代高校劳动教育效果的检验

衡量和评价新时代高校劳动教育效果的重要依据是高校劳动教育目标的实现程度。由此,可以从高校劳动教育开展过程中学生劳动素养的提升度和学校对劳动教育的支持度两个方面进行检验。具体而言,学生劳动素养的提升是劳动教育的根本目标,在评价指标体系中占据核心位置。对于高校而言,学生劳动素养关系到整个国家的劳动教育的延续性和持续性。因此,对学生劳动素养的评价可以从劳动观念、劳动知识、劳动情感品质、劳动行为与能力等四个维度展开。同时,要从学校基础性条件的支持、发展性需求的融入和创新性成长的展现三个方面对高校劳动教育的支持度进行效果评价。

(一)学生劳动素养的培育成效

1.劳动观念的养成

劳动观念是劳动教育的核心,学生须通过参加各类劳动教育活动后,领悟劳动的意义价值,培育勤俭、奋斗、创新、奉献的劳动精神,开展劳动教育观念自我评价,形成正确的择业、就业和创业观。有效的劳动教育不但可以使大学生养成良好的劳动习惯,更重要的是形成正确的劳动价值观,它是劳动素养的核心要素,并直接决定了劳动素养的其他方面,只有使大学生形成合理的劳动观念,才能更加理解教师和家长要求自己从小培养劳动习惯的价值所在。[1]因此,新时代高校劳动教育效果评价的重要视点之一在于大学生合理劳动观念的养成。

2.劳动知识的获得

当代大学生多数是独生子女,成长于科技高速发展的智能化时代,物质生活水平相对较高,从小劳动实践的机会比较少,导致他们对劳动缺乏感性和理性的认识。因此,劳动教育首先要让大学生对基本的劳动知识有认知,这是合理的劳动观和良好的劳动习惯形成的基础,也是劳动教育的基本目标。劳动知识的获得反映的是大学生对劳动基本知识信息的掌握程度。知晓和理解是行动的前提,因此,测试大学生对劳动知识的获得情况是检验劳动教育成效的一个重要指标。简而言之,有了理性的认知,才能促进大学生形成合理的劳动的态度和劳动价值观,这也是检验劳动教育效果的重要标准之一。

3.劳动情感的形成

孔子曾言:"知之者不如好之者,好之者不如乐之者。"劳动素养高的人不

---

[1]戴家芳,朱平.论对劳动教育成效的评价[J].中国德育,2017(9):34-37.

仅能劳动、会劳动,还能好劳动,对劳动有一种自发的喜爱之情。大学生劳动教育的成效不仅要关注外在的行为表现、参加劳动的频率、劳动成果等可视化的内容,还要关注大学生内在的情感体验。这关乎到他们对待劳动和劳动人民的态度,以及自身的劳动热情、主动性和自觉性的提升。劳动教育的目的不止是要让大学生知道和理解什么是劳动,而且还要明白劳动是一个以劳动事实、知识为载体,传播劳动观念、情感、态度和价值的过程,主要目标是要引起大学生对教育者所传递的劳动思想的赞同、信服并内化为自身的信念和态度。大学生良好劳动习惯的形成,需要经历从他律到自律的过程,有了自律才有日后的习惯成自然,其中积极、愉悦的劳动情感体验是行为可持续发展的关键因素。因此,检验劳动教育的效果还要衡量大学生对劳动的情感认同度。[①]

4. 劳动行为的践履

劳动教育是使大学生对劳动的认知从内隐的观念、信念向外显的行为、能力转化的过程,这也是教育成效的外化阶段,更多地依赖对劳动行为的观察与分析。教师和家长可以通过观察大学生在学校活动、家庭生活、社会公益活动中的态度和行为表现进行评价。一个养成良好劳动习惯的大学生,不仅能在学校和家里积极劳动、勤勉学习,还会热心参与社会公益劳动,这样的行为表现一般能反映教育的成效,说明大学生具有良好的劳动行为的稳定性和一贯性。劳动教育的终极目标是为大学生终身发展和人生幸福奠定基础,而不仅仅是为了满足生存的需要。[②]因此,劳动教育必须要培养他们成长发展的品行与能力,比如与人协作的精神、自力更生的精神、顽强的意志、创新能力等,为他们未来成为一个幸福的人打下良好的基础。

[①]戴家芳,朱平.论对劳动教育成效的评价[J].中国德育,2017(9):34-37.
[②]戴家芳,朱平.论对劳动教育成效的评价[J].中国德育,2017(9):34-37.

(二)学校对劳动教育的支持力度

1.基础性条件的支持

基础性条件主要包括学校开展劳动教育的环境、专业和课程载体三个方面,是一所学校开展劳动教育的基础条件和保障环境。育人环境由自然环境、社会环境、校园环境三部分共同构成。[①]环境劳育主要包括基础设施与资金投入、师资队伍建设与互聘、组织管理与制度建设等。制度既是对以往工作经验的总结提升,又是对以后工作的指导和约束。制度的一贯性和联动性是制度整体效应发挥的关键,这就需要在学校顶层设计的指引下科学制定相关制度,从而使得各有关劳动教育的制度互相协调,相互补充,相得益彰。[②]劳动教育开展必须因地制宜,利用好现有的"环境",高校劳动教育更需大力关注环境劳育。专业劳育主要包括学校领导重视劳育在专业教育中的渗透、列入专业人才培养目标、设置劳动教育学分等。学校领导对劳动教育的认识状况和重视程度是一个学校劳动教育工作的第一影响因素。其中最重要的是学校主要领导者有关劳动教育的意识,具体可反映到学校办学指导思想、人才培养方案、教职员工劳动教育的意识以及全校整体劳动教育氛围等方面。科学开展高校专业劳动教育,就是要建立一种以专业精神、专业能力、劳动精神、劳动能力培养为核心的专业教育体系。课程是开展劳动教育的主要载体。课程劳育主要包括开设劳动教育通论或通识课程、开设职业生涯与就业指导及相关课程、编写相关劳动教育教材等。高校劳动教育主要通过课程教学的形式来实现。劳动教育课程的设置能够进一步规范教师的教育行为,明确劳动教育的教学目

[①] 杜乐,张蕊."环境育人"视角下乡村小学空间环境营造研究——以汉阴县三坪小学改扩建项目为例[J].华中建筑,2019,37(4):50-53.

[②] 张铭.高师院校劳动教育评价指标体系构建初探[J].安庆师范大学学报(社会科学版),2021,40(1):121-124+128.

标、教学内容、教学计划和教学活动等。

对学校开展劳动教育基础性条件进行督导检验的原则在于全面客观公正,标准可行;重点在于高校开展劳动教育的规范要求,即根据我国劳动教育方针、法律、法规有关规范要求制定的,体现了学校基本办学条件、劳动教育管理、办学基本要求和年度工作重点等方面内容,具有法定性、指令性和统一性。①在检验标准的制定上更注重思路上的引领、行为上的规范和对共性问题的解决,引导学校依据标准规范劳动教育行为。

2.发展性需求的融入

发展性需求主要包括思政劳育和实践劳育两个方面,是一所学校深化劳动教育的核心价值观和实践拓展的路径。思政劳育主要包括融入劳育的思政课程学分、思政教师开展劳育课题研究等。劳动教育对于促进大学生社会适应能力和整体素质发挥着重要作用,其中增强思政劳育效果也成为培养学生劳动素质的重要途径。劳动教育是实现理论与实践相结合的重要载体,也是广大学生快速适应社会、在工作岗位上大有作为的基础保障。②实践劳育主要包括组织专业类学科竞赛、校外实践基地建设、课外劳动技能培训等。由于劳动教育需要一定的场所和载体,这就需要高校进行劳动教育资源的开发,包括劳动教育教材和教辅资料的编写、劳动教育的研究、校外劳动专家的评聘等。此外,厘清综合实践活动与劳动教育的正确关系是当前强化劳动教育的关键问题。事实上,综合实践活动与劳动教育互为补充,共同承担立德树人的核心使命与任务。③

对学校开展劳动教育发展性需求进行评价的原则在于实行纵向评价,激

---

①高原.大连市中山区幼儿园发展性督导评估体系的建构[D].辽宁师范大学,2013.
②杨旭.劳动教育实践育人途径与模式研究[J].黑龙江教育学院学报,2019,38(5):73-75.
③柳夕浪.如何成为劳动教育最佳载体[N].中国教育报,2019-02-27.

励为主;重点强调高校劳动教育的自主性发展要求,即由高校依据教育改革和发展需要,根据自身发展的不同阶段从思政劳育和实践劳育两个方面进行规划,一般在检验评估中采用"同质分组、纵向比较、单项表奖"的评价方式。首先,对高校进行了若干等级划分,在同一等级内进行校校横向比较;其次,也针对处在不同地区、不同发展水平的学校进行纵向比较。在最后评审认定时,按照"优秀、合格、基本合格、不合格"四个等级给出评定结果,以便激励不同学校快速发展,共同提升水平。[①]

3.创新性成长的展现

创新性成长主要指学校开展的特色劳动教育,是一所学校结合学校特色、专业特色在劳动教育领域进行创新、增强劳育效果、扩大劳育影响的体现。特色劳育主要包括劳育目标、特色定位、成果呈现、应用推广等。劳动教育与学校的文化渗透紧密相连,强化学生的劳动教育,使基地建设做到一校一品牌、一校一特色。[②]劳动基地丰富了学生的知识,不仅培养了学生对劳动的感情,而且通过参与劳动过程中的管理、观察、记录,学生获得了许多从书本里学不到的知识经验。劳动教育活动是劳动教育的外在表现,也是劳动教育评价的最显性指标。劳动教育活动的评价要从数量和质量两个方面考查。数量是指一段时间内整个劳动教育活动的数量,同时还可以考查其形式的多样性。就劳动教育的质量方面来说,优质的劳动教育活动一个直接的外在要求是学生的接受程度高,其突出表现即拥有本校特色、活动设计科学性强、成果明显。

对学校开展劳动教育创新性成长进行评价的原则在于鼓励特色劳育,注重引领;重点在于高校劳动教育的个性化发展要求,即由高校依据自身教育改革和发展需要,结合学校的办学特色深入开展劳动教育,走出一条体现学校办

[①]任国友,曲霞.新时代高校劳动教育督导评价体系研究[J].劳动教育评论,2020(1):56-69.
[②]李金文.小基地 大教育——学生劳动实践技能的特色教育[J].学周刊,2013(1):121.

学特色的劳动教育发展之路。在评估方式上,应采用"望、闻、问、切"四个主要途径了解学校个性化的特色发展。[1]"望"是亲临现场观察学校重点开展的"建设点"和"特色点";"闻"是从汇报中听出可继续完善的"操作点"和被忽略的"问题点";"问"是从与校长、教师交谈中厘清学校潜在的特色发展想法与指导需求;"切"是在现场考察中看出学校可深入发展的优势及尚未关注的薄弱环节。采用"望、闻、问、切"的检验评价方式,目的是帮助高校提炼劳动教育特色,切实指导高校找准发展定位,真正做到"原无现有、人有我优、人优我创",更好地提升劳动教育成果质量,推动高校劳动教育健康、有序、规范和科学地发展。

---

[1]任国友,曲霞.新时代高校劳动教育督导评价体系研究[J].劳动教育评论,2020(1):56-69.

第五章 新时代高校劳动教育的实施案例

新时代劳动教育不是"教育与生产劳动相结合"和培养"劳动者"的一种简单回归,更不是要回到曾经有过的那种学生放弃课堂去学工、学农、种地的极端年代,而是要在新时代背景下着力于全面、深度实现劳动教育的时代价值与功能。这就要求高校必须重塑新时代的劳动教育价值观,根据高等教育规律和学生成长规律,结合学校学科和专业实际积极开展劳动教育,重视新知识、新技术、新工艺、新方法应用,提高在生产实践中发现问题和创造性解决问题的能力,在动手实践的过程中创造性地解决实际问题。因此,结合专业实际开展劳动教育,培养学生生产劳动能力和创造性劳动能力,是高校劳动教育区别于中小学劳动教育的典型特征特点。西南大学结合自身学科专业特色,在推进一流本科教育建设和"四新"专业建设进程中,将劳动教育融入新文科、新农科、新工科建设和创新创业教育,形成了一系列高校劳动教育的实施案例。

第一节

"农耕文化"浸润文科学子

  教育部提出新文科的着力点需从探讨人文社科所涉对象的规律性,转向对社会价值观的重塑,重塑人与自然的关系、实现人与技术的"和解",找回人类的"意义世界"和"价值空间"。中国文明与西方文明的最大不同,就是农耕文明是中华文明的根脉,基于城乡的二元结构及其反哺机制是中国稳定的压舱石。《帝范·务农》中说:"禁绝浮华,劝课耕织,使民还其本,俗反其真,则竞怀仁义之心,永绝贪残之路。此务农之本也。"古圣先贤从治国理政、社会伦理和道德心性的高度认识农耕劳动的重要价值。习近平总书记指出:"文化是一个国家、一个民族的灵魂。优秀传统文化是一个国家、一个民族传承和发展的根本,如果丢掉了,就割断了精神命脉。"[1]文化自信是一个国家、一个民族发展中更基本、更深沉、更持久的力量。在今天高度发达的工业文明、农业机械化背景下,集生命健康、艺术创作、物质自养、精神自主的农耕劳动所携带的道法自然的文化、精神、生命的价值更加凸显出来。西南大学教育学部一直以来重视教育扎根乡土,从农耕文化、乡村建设的中国文化教育精神中汲取营养,为学部劳动教育和新文科学子人才培养培根铸魂,培养能担当复兴民族大业的国之栋梁。本案例主要从院系实施层面入手,以西南大学教育学部劳动教育开展为例,介绍西南大学文科类专业劳动教育开展情况。

---

[1]习近平.习近平谈治国理政(第二卷),北京:外文出版社,2018:313

一、案例背景

(一)响应国家乡村振兴战略,彰显农耕文化劳动教育的时代精神

党的十九大报告提出了乡村振兴战略,明确指出,实施农耕文化传承保护工程,深入挖掘农耕文化中蕴含的优秀思想观念、人文精神、道德规范,充分发挥其在凝聚人心、教化群众、淳化民风中的重要作用。立足乡村文明,吸取城市文明及外来文化优秀成果,在保护传承的基础上,创造性转化、创新性发展,不断赋予时代内涵、丰富表现形式,为增强文化自信提供优质载体。[①]乡村振兴的时代意义是中国古老乡村文明如何实现与新时代嫁接的振兴,迈向新时代的乡村振兴,农耕劳动教育将会承担其将古老的农耕文明与新时代嫁接、实现过去与未来对话、城市与乡村互补共生、物质与精神相统一的使命。

(二)依托《大中小学劳动教育指导纲要(试行)》创新劳动教育内容,突显《新文科建设宣言》的核心价值,提升学部一流本科人才培养质量

2020年7月,教育部印发的《大中小学劳动教育指导纲要(试行)》中明确提出,劳动要继承优良传统,彰显时代特征。在充分发挥传统劳动、传统工艺项目育人功能的同时,紧跟科技发展和产业变革,准确把握新时代劳动工具、劳动技术、劳动形态的新变化,创新劳动教育内容、途径、方式,增强劳动教育的时代性。将高校劳动教育融入新文科建设,构建"大文科"视野,其主要实现途径就是进行学科交叉和科际整合。《新文科建设宣言》中也提到,新文科的交叉融合除了传统文科自身交叉融合(文史哲不分家)之外,也强调文科与工科、理科、医科、农科的交叉融合,如可持续发展与乡村建设、生态文明建设与管理等。

---

① 中共中央国务院印发《乡村振兴战略规划(2018-2022年)》http://www.gov.cn/zhengce/2018-09/26/content_5325534.htm

西南大学教育学部在2017年与重庆巴渝农耕陈列馆共建教学科研实践基地基础上,提出将农耕文化注入学部劳动教育,根据教育学不同学科专业特点,开展特色农耕文化社会实践课程,并以学分形式明确农耕劳动教育要求,强化劳动教育与"三支一扶"、大学生志愿服务西部计划、"青年红色筑梦之旅"、"三下乡"社会实践活动和"互联网+"创新创业等相结合,以综合提升学部一流本科人才综合素养。

二、案例简介

西南大学教育学部面对新时期高校劳动教育及新文科人才培养提出的新要求,创新文科专业劳动教育实践方式,通过建立"MUS馆-校-社"联动模式,以中华农耕文明教育传承为切入口开展劳动教育,将劳动教育理论与实践教学、大学生社团建设、学生社会服务、田野调查、劳动教育基地建设相结合,开发一系列以农耕文化为核心的劳动教育社会实践课程,挖掘农耕文化与劳动知识观、价值观和实践观的深层链接,以劳树德、以劳增智、以劳健体、以劳育美,创新新时代农耕文化劳动教育新路径。

(一)构建"MUS馆-校-社"联动模式,共建文科学生劳动教育特色实践基地

西南大学教育学部致力于构建"MUS馆-校-社"联动的文科学生劳动教育特色实践基地模式,建设可持续发展的文科专业劳动教育体系。这里的M为博物馆(Museum),是重庆巴渝农耕文化陈列馆,位于重庆市北碚区蔡家岗镇天印村,是一所乡村家庭式公益性民营博物馆,1992年至今免费对外开放,陈列馆馆藏蕴含丰富的劳动教育资源,以农耕文化的挖掘、保护、教育、活化传承为办馆理念;U,代表高校(University),为劳动教育课程资源研发中心;S代表学生

社团(Student's Association),具体指农耕文化教育创新社,是在2018年由学部根据学生社会实践发展需要创设的大学生劳动教育和美育志愿服务大学生社团。

"MUS馆-校-社"联动模式,用博物馆(陈列馆)馆藏的物质文化和精神文化产品,通过活化传承方式,对学生、家长、社区居民进行集中国传统农耕文化传承、教育、培训、旅游、展览功能为一体的劳动价值观、劳动人生观和健全人格教育,提高受教育者的劳动素养、人文情怀、生态素养、审美素养。"馆-校-社"三方以共建共享劳动教育实践资源库为平台,打造并整合博物馆和民间乡土文化艺术资源,服务、推动学部劳动教育课程与教学建设。西南大学教育学部结合人文社会科学类本科专业特点,整合博物馆、高校和学生社团的力量,形成协同育人的格局,实现了劳动教育日常化、规范化、多样化,全方位提升高校大学生劳动精神面貌、劳动价值取向和劳动技能水平,培根筑牢劳动教育的核心价值。

(二)构建以农耕文明为内在逻辑的,农耕生产、生活、民俗、民风(家风)劳动教育社会实践课程体系

西南大学教育学部基于劳动教育社会实践基地"重庆巴渝农耕文化陈列馆"馆藏资源,联合北碚区全国终身学习活动品牌"兼善文化课堂",共同开发农耕文化劳动教育实践课程体系,研发特色课程内容。课程构建了以农耕文化为核心,以生产、生活、民俗、民风(家风)等领域为模块,架构课程内容体系和劳动教育主题活动(见图5.1),开展项目式教学实践,培养文科专业学生的劳动观念、劳动情感、劳动习惯,在过程中能体悟劳动之美,培养创新精神和实践能力,增强社会责任感。

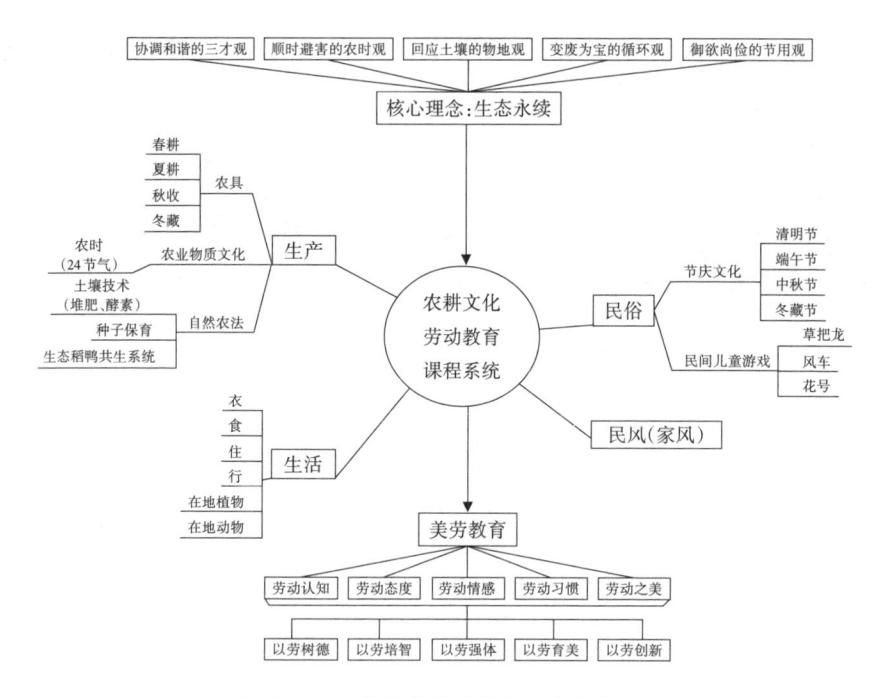

图5.1 教育学部农耕文化劳动教育社会实践课程体系

1.农耕生产劳动实践主题性课程

主要包含"一粒米的前世今生"主题劳动教育,体悟南方稻作文化中稻米经历的春耕、夏耘、秋收、冬藏的农耕劳作过程,每个阶段所使用的农业生产工具,各异的使用方法,感悟稻米从土地到餐桌的一碗白米饭的来之不易,赏读农耕馆老馆长刘映升先生创作的稻米系列农具的乡土诗歌与仁德之意,学会爱物知恩、节用惜福的劳动价值观;"黄小豆变形记"主题性劳动实践课程,带领学生感悟中国对世界饮食贡献之最的植物蛋白豆类制品的生产加工制作过程,石磨、枷担、滤帕、胆水让一颗颗黄豆泛化为豆浆、豆腐、豆干、豆花、豆皮、豆渣……这一系列劳动实践课程,带领同学们走近这不一样的黄小豆。

2.农耕生活劳动实践课程

包含衣食住行各个方面,特别注重从生态生活方式角度切入,还有对农耕馆在地植物和在地动物的劳动教育知识与情感内容的补充。"泥土重生 夯土工作坊"组织学生夯土垒墙,领悟古人智慧,学会使用夯土工具,学会夯土墙制作施工工艺流程,培养团队的合作意识,深入思考泥土与人类和生态的关系;在"荷花艺游学工作坊"中,对荷花田农人的生活进行实地调研,树立生态饮食观念,进一步理解劳动创造价值,不仅是经济价值、生态价值,还有强健体魄、愉悦身心、治愈心灵方面的价值,了解新型服务性劳动的内容,思考如何改善农人产业困境,结合荷花产业新业态、劳动新形态,用"美劳游学"助力乡村振兴,创造性地解决实际问题。在西南大学南北社区开展的厨余垃圾美育赋能计划,让学生们创新垃圾分类,保护环境,学会制作黑金土壤等生态生活方式,等等。

3.农耕民俗劳动实践课程

这部分课程特别结合学前教育、特殊教育、教育学、教育技术专业学生特点,非常看重对农耕文化陈列馆镇馆之宝——"蔡家草把龙技艺"的保护与创新传承。开设12个课时的主题劳动课程单元包,具体内容如下表。

课程内容	课时数	上课地点
稻作文化探源	2	重庆巴渝农耕文化陈列馆
蔡家草把龙基本编制法	2	
蔡家草把龙龙头编制	2	
蔡家草把龙龙衣制作	2	
蔡家草把龙龙尾编制	2	
蔡家草把龙龙舞技艺	2	

通过走进馆藏北碚区非物质文化遗产——蔡家草把龙编制和舞龙劳动课程,学生们不仅了解了稻草从生长到收割的全过程,体会种植的辛劳,体悟工业化的今天稻草从曾经的最不值钱的废弃物,到成为稀缺资源;了解老馆长刘

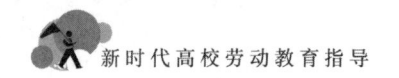

映升先生的草把龙复原记故事,学习其劳模精神,更让大学生对重庆的第三条龙的创新传承提出自己的时代之思。同时,将学前教育和特殊教育专业的"玩教具制作"课程,结合巴渝农耕文化陈列馆馆藏儿童民间玩具,生成巴渝儿童民间玩教具制作创新课题组,实现学生专业课程学习与劳动教育课程的有机整合。

4.民风(家风)劳动实践课程

成立"农耕文化教育创新社",每年开展寒暑假驻馆活动,每次10-14天。学生与农耕文化馆馆长及其家人、亲戚住在一起,在与他们的生活相处过程中体验农耕民风(家风)。教育学部利用巴渝农耕文化陈列馆家庭式博物馆人少地大的特点,要求学生自主管理,参与劳动。这些劳动包括日常生活方面的洗衣、做饭、清洁,还包括下地干农活、劈柴、喂牲畜、整理馆藏农具等,体悟农耕馆家风文化中的与人为善、乐善好施、诚实坚韧等家风品质,学会与他人合作劳动,体会劳动光荣以及家风对人的心性养成的重要价值。

(三)志愿服务、科学研究、创新创业三位一体,筑牢劳动教育实践机制

西南大学教育学部在"MUS馆-校-社"联动模式下形成的农耕文化劳动教育实践课程模式,创造性地开创了志愿服务、科学研究、创新创业三位一体的劳育实践机制。第一,以志愿服务和社会实践为核心,充分发挥学生在劳动教育中的主体地位。在日常开展以劳动教育为核心主题的实践课程与志愿服务活动,在假期开展驻馆劳动实践,整理挖掘劳动教育资源,提升大学生劳动素养。同时,大学生拥有丰富的教育学专业知识技能、个性化的生活经历,为这些隐藏的能量提供涌现机会,促进大学生主体性参与和个体存在的觉醒。如学生在实践过程中感知到自己并非只是劳动教育的对象,更是劳动教育课程的设计者、组织者、实施者。第二,以科学研究为支撑和产出。基于西南大学

教育学部学科平台的科研优势,以劳动教育理论指导实践。同时,鼓励学生通过对劳动实践的反思改造,将教育科研写在祖国大地上。进入真实教育场域,理解基层劳动者是教育科研的必要前提;在工具性劳动实践中展开教育科研,则是对劳动教育自我实现的存在性价值的追求,是劳动教育的应有之义。第三,将创新创业与劳动教育结合,打造"双创"劳育平台。一方面,以创新创业比赛激发学生的创新性和创造性,提高学生创造性解决问题的能力。另一方面,通过兼具体力与脑力的创新创业活动将劳动实践中的创造性想法落地生根,持续深化,让劳动教育开花结果。第四,多方联动,立足重庆巴渝农耕文化陈列馆和其他劳动实践基地,联合组建高校劳动研究基地,发挥大学生社团、社会组织等志愿者力量,成为课程资源开发与理论指导中心,服务社区服务性劳动和中小学美育、劳动教育课程建设。

三、案例启示

对劳动教育价值意义的理解从根本上决定了我们为何劳育、如何劳育。基于马克思主义劳动观和上述案例的实践,我们要从自我价值感的获得、关系属性的丰富和审美品格的培育三方面把握劳动教育的价值意义,理解农耕劳动知识观、价值观的新时代教育价值。

(一)由农耕文化传承与创新的实践,对劳动教育之价值意义再认识

劳动教育的有效实施,建立在对劳动教育价值意义的准确把握上,尤其对高等教育而言,当下大学生在过往"将劳作作为惩罚""学优而仕"的教育中,以及在消费享乐主义的侵袭下,少数尚未形成对劳动教育的良好认识,认识不到中国特色社会主义劳动教育具有基础性、综合性的"以劳树德、以劳增智、以劳健体、以劳育美、以劳创新"等特征。同时,新时代的劳动教育的价值于个体而

言,不仅有工具性的外在价值,而且具有存在性的内在价值,由谋生走向自我实现。这与农耕文化在新时代的传承与创新相契合,即基于农耕文化的劳动教育不仅是保留、学习过往用于谋生、保障民族存续的农耕生产生活实践知识和技能,而且要回应时代、面向未来,要通过上述案例中对农耕文化的创新性传承、创造性转化,促成大学生在劳动教育中获得自我价值感,丰富关系属性,培养审美人格。

首先,劳动教育的价值在于由对象化实践找寻自我存在性的价值感与意义感,这是人不同于其他生物存在的根本,依托于劳动这一人类社会独有、自觉、创造性的对象化实践。一方面,这帮助我们明确,缺乏劳动实践,人就缺乏了改造客观世界与主观世界的必由之路。另一方面,这再次强调了新时代的劳动教育不仅需要劳动作为"对象",更要高度重视大学生从对象化世界中反观自我的载体和能力;并非要大学生都从事农耕生产,掌握这一谋生技能,而是在劳动实践过程中,在农耕文化这一民族基因、历史根脉中找寻人自我存在的本质力量,并发挥主观能动性对其进行现代化改造。

其次,劳动教育具有丰富、重构大学生与劳动人民、社会、自然关系属性的价值。人是社会关系的总和,而封闭于"象牙塔"中的大学生,亟须建立与基层劳动人民、真实社会生产生活以及与自然和谐共生的关系。在农耕文化的劳动实践中,大学生能接触各类鲜活的劳动群体,理解其构成的社会结构,建构并敢于直面这更为复杂却真实的生活。同时,劳动中不仅有人与人之间的合作关系,也有人与自然万事万物之间的和谐共生关系,农耕文化的独特实践场域——大自然,为这一关系的构建提供了强大支撑。

最后,新时代的劳动教育应致力于"美"的人生境界的达成。马克思在《1844年经济学哲学手稿》中提出"美是人的本质力量对象化"。美是人为实现"自身自由而独创的发展"的自觉性、创造性实践活动,也是上述自身价值感获得、关系属性丰富的本质指向①。因此,新时代的劳动教育要让学生在劳动中发现美、欣赏美和创造美。而中国古典美学正是一种奠基于农业并从农业出发的美学,农耕文化中源于自然的丰富美学资源,有助于学生在劳动的基础上,实现本土情境下审美品格的培育。

(二)在真实生产实践与农耕智慧中,体认劳动价值观

"劳动教育"是以促进学生形成劳动价值观(即确立正确的劳动观点、积极的劳动态度,热爱劳动和劳动人民等)和养成劳动素养(有一定劳动知识与技能、形成良好的劳动习惯等)为目的的教育活动②。故从上述案例中农耕文化与劳动教育实践的独特优势出发,强调应在真实生产实践和农耕智慧中去体悟。劳动教育要引导学生崇尚劳动、尊重劳动,懂得劳动最光荣、劳动最崇高、劳动最伟大、劳动最美丽的道理,长大后能够辛勤劳动、诚实劳动、创造性劳动,这样的价值认同也必须从事实出发,通过了解劳动、劳动人民在人类永续与发展中的重要作用而形成。基于农耕文化的劳动教育正是由此展开并实现验证的具象化实践,如非物质文化遗产"草把龙"由"类蛇"到"类龙"造型的设计改进,正是当地劳动人民脑力、体力劳动的展现。同时,春耕、夏耘、秋收、冬藏的生产劳作实践,各式的农具,基于地域特点的农法,其中既有劳动人民"汗滴禾下土""粒粒皆辛苦"的辛勤体力付出与坚忍品质,也有古人通过无数次摸索总结出的经验、提炼出的智慧。唯有进入真实具体的劳动实践,接触基层的劳动人民,才可能让学生生发出认同,觉察自身在自然、在劳动人民群体面前的渺小,也唯有挖掘劳动中的智慧、认同古人的脑力劳动,才能回应时代对劳动教育的新要求。

---

① 班建武."新"劳动教育的内涵特征与实践路径[J].教育研究,2019,40(1):21-26.
② 檀传宝.劳动教育的概念理解——如何认识劳动教育概念的基本内涵与基本特征[J].中国教育学刊,2019(2):82-84.

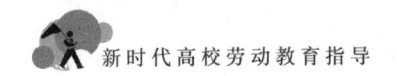

(三)以整合和具身的知识观,学习劳动知识与技能

重视将劳动教育与其他学科课程知识有机结合。这是马克思主义对教育与生产劳动相结合实质的要求,即教育与生产劳动的结合点是现代科学,不能够用体力劳动来取代脑力劳动,不能只讲劳动技术而不讲相关原理。[1]如在农耕文化的劳动实践中,劳动知识与技能的学习涵盖对农具、农法等蕴含对各学科科学原理的探索,对"现代化冲击""生产效率与食品安全"等社会性议题的思考。关注劳动教育中跨学科知识的挖掘、技能背后科学原理的探索,正是劳动教育全面渗透并逐渐形成自身独特课程的有效路径。

感官体验是一切知识、技能学习的基础,劳动教育首先要解放学生的身体,使学生的身体感官有与外界事物发生互动的可能。很长一段时间内身体在教育过程中受到贬抑或忽视,学习被视为一种可以"离身"的精神训练。而具身认知的知识观认为心智是一种身体经验,身体的物理体验制约了心智活动的性质和特征,即心智基于身体、源于身体。[2]在农耕文化的自然实践场域下,学生依靠自己的知觉系统,通过身体的"在场"去体验劳动、形成对劳动的朴素认同,有助于学生探究欲望、审美体验的形成,同时模塑了他们的品德心性。

四、参与者的劳动体悟

在农耕文化教育传承中体悟劳动的真谛

冬日,暖阳。

路过葡萄架,藤蔓在风中摇曳。

我在这天与重庆巴渝农耕文化陈列馆邂逅,社会实践小分队同学们一同

---

[1]成有信.论教育和生产劳动相结合的实质[J].中国社会科学,1982(1):163-176.
[2]叶浩生.身体与学习:具身认知及其对传统教育观的挑战[J].教育研究,2015,36(4):104-114.

走进农耕生活教育馆,看到大屏幕里正播放着《乡思》纪录片,老馆长刘映升先生为千年农具"犁"写的乡土诗歌映入眼帘:

老水牛拉老犁头,

退出历史使人愁。

养我华夏五千年,

农耕文化深悠悠。

低头看到木犁和铁犁摆放在一起,哦,这是体现农具变迁和进步吧,我想。直到耳畔传来老师的声音:"技术的进步也许是生态的落后。"心中一颤。初次体验稻草编龙,众人共舞,前人创造的民间游戏在多年后仍然能给我们带来发自肺腑的快乐。我曾认为过去的时代不必惋惜,不必追忆,那是属于前人的光辉岁月,我们应当创造属于自己的辉煌。但不得不承认,那些蕴藏在传统农耕文化中的智慧和巧思仍然鲜活,亟待挖掘。

巴渝农耕文化陈列馆是一家公益性的民营文化陈列馆,质朴、亲切,是被隐藏在乡村角落的宝藏,是一隅残存的蛙声虫鸣,是一片远离城市喧嚣的热土。农耕馆收集着数千件农具,是老馆长刘映升爷爷和儿子刘刚跋山涉水、东搜西罗,去各地"淘"来的。农耕馆陈列的不仅是农具本身,就像刘爷爷说的:"这些东西并不值钱,他们身后所代表的历史和文化才是无价之宝。"辗转了多少农民之手,耕耘过多少土地,才被一位想要留住乡愁的白发老人兴冲冲地接回农耕馆安家,并各赋打油诗一首,成为展品供游人回忆观赏。但这不应该是它的最终归宿,农耕文化不是陈旧过时的,不是理所应当被时代尘封成为记忆的,不是大机器成为它的接班人后就功成身退而淡出人们视野的,也不应该走进教科书从此成为历史记忆。西南大学教育学部在劳动教育创新培养新文科学子过程中,诞生了西南大学农耕文化教育创新社,挖掘和活化传统农耕文化,把它们转化为劳动教育资源。

精神无形,器物有形,可以留存,运气好的话可以千秋万代,所以刘爷爷"抢救"农耕文化,"打捞"童年记忆,不辞辛劳地和友人复原出蔡家草把龙。舞动草把龙的时候，我会因自己参与了传统文化传承的一环而热泪盈眶。农耕文化的复杂性、丰富性、鲜活性和无限性不可小觑，千百年来它融入生产生活的各个方面，因此了解和体会农耕生活的活动是大人小孩都喜闻乐见的，人们有着深入骨髓的文化认同，真正认同它内在的精髓。农民讲究物候农时，我们组织起传统节气节日系列活动，清明时大家上山采清明菜做粑粑，端午寻艾草制香囊，中秋遵循蔡家的传统点起橙香，冬藏节走进"一粒米的前世今生"。平日里体验打糍粑、磨豆花、风车筛谷、熬凉茶、编制草把龙，这些美育劳动活动由于人们的文化认同而减少了开展的难度，农耕社大学生成员们主动承担起教育传承的任务，策划实践活动、制作美育和劳动教育课程，用更加鲜活的方式陶冶人、塑造人，让农耕文化历久弥新。

在暑期社会实践的"泥土重生夯土工作坊"中，我们了解夯土历史变迁，认识夯土工具，学习夯制泥土艺术墙。我们常说"夯实基础"，夯作为动词是一个不断填满、压实的过程，往往需要足够的耐心，当我拿着墙槌一槌一槌砸下去的时候，踏实感油然而生。在从前，人们盖房子需要打夯土墙，夯土的过程漫长而艰辛，磨炼人的意志和心性，虽说目的在于筑墙盖房子，但它无意识地成为一种让人平静下来的方式，不急不躁，稳扎稳打，专注自身，抛弃喧嚣。"记得早先少年时，大家勤勤恳恳，说一句，是一句。"《从前慢》中的乡土生活是怎样的？日出而作，日落而息，靠劳动经营土地，靠双手填饱肚皮，抱着对大自然最大的敬畏，感念大自然的恩赐。慢节奏生活塑造了人们勤劳朴实的品质，锻炼人们的耐性和体魄。荷花艺游学工作坊中，我们来到重庆歌马东风村白土坝一户荷花种植基地调研，荷花种植者吴伦能老师将马粪和锯末混合成生态肥料，用酵素代替农药种植生态荷花，早年间他的家人四次患糖尿病花光了家里所有的积蓄，为了家人的饮食健康他放弃在外务工，回乡务农自给自足，家人的糖尿病没再复发。吴伦能老师通过辛勤劳动种植生态的食材，治愈了自己和家人，重新认识到生活的意义。荷花种植过程中没有化肥农药，夯土墙倒塌后肥力更足，从前的生活方式回归自然，没有垃圾、循环永续、自然消化，是对自然和土地最大的敬畏。

当下，急于求成、功利化、内卷化、急躁化等心理状态束缚着人们的发展心态，尤其是大学生们被复杂的工作学习捆住了手脚，被名利财富局限了视野，牺牲着光阴，消耗着健康，还不免走向抑郁。亲近乡土生活的社会实践在我心中播下了劳动教育的种子，感受劳动自愈的奇妙，亲近巴渝农耕文化，我能窥探找到解决时代教育命题的新思路。乡村是自愈的最后一块土地，种植生态食物，参与农业劳动，不仅能够健康身体，还能净化心灵，培养人格健全的人。真正的教育要达到的目的不正是如此吗？

——西南大学教育学部 2020 级本科生 杨婧、杨淏璇

第二节

"田间劳作"助推专业成长

《关于全面加强新时代大中小学劳动教育的意见》指出,劳动教育是国民教育体系的重要内容,是学生成长的必要途径。实施劳动教育的重点是在系统的文化知识学习之外,有目的、有计划地组织学生参加日常生活劳动、生产劳动和服务性劳动,让学生动手实践、出力流汗。田间生产劳作是高校农科专业人才培养的重要实践环节,也是让学生在掌握农业生产知识后,开展农业生产实践、掌握专业劳动技能的必备培养环节。农科专业学子要充分发挥专业特色,将劳动教育融入专业和课程实习实训的各个环节,尤其是在田间劳作中重视新知识、新技术、新工艺、新方法的运用,在动手实践和出力流汗中积累农业生产劳作的职业经验,提升专业实践能力。本案例主要从教师层面,以西南大学农学与生物科技学院农学专业劳动教育实施为例,介绍西南大学农科类专业和相关任课教师劳动教育开展情况。

一、案例背景

(一)适应"新农科"实践教学改革需要,将劳动教育融入专业教育

农业是国家的基础性、战略性产业,关乎国家的粮食安全、生态安全和资源安全。农业、农村和农民问题一直以来都是关系国计民生的根本问题,"三农"问题成为党和政府关注的重心。党的十九大报告提出了实施乡村振兴战略,作出加快推进农业农村现代化的重大部署。这对高校把握时代脉搏,构建与新时代国家发展战略相适应的现代农业教育体系和人才培养体系提出了新

的要求。为此,教育部从"新农科"建设的顶层设计上给新时代农林人才的培养注入了充沛动力,并唱响了从《安吉共识》到"北大仓行动",再到"北京指南"的"新农科"建设"三部曲",分别为"新农科"建设画好了"施工图",打好了"基础桩",发出了"开工令"。"新农科"建设的"三部曲"全面掀起高等农林教育的"质量革命"。作为强农兴农"国之重器"的涉农高校和农科专业,必须顺应新时期"三农"事业发展的趋势和"新农科"建设的质量要求,全面推进农林人才培养模式改革,构建以新型农林人才为目标的人才培养体系,加快培养理论功底扎实、实践能力突出的创新型农林人才。而这一要求的达成必须有赖于涉农高校和农科专业实践教学的改革,提升实践教学质量。劳动教育是新时代党对教育的新要求,是中国特色社会主义教育制度的重要内容,是全面发展教育体系的重要组成部分,是大中小学必须开展的教育活动,对于培养农科类专业学生专业技能、提升专业实践能力具有举足轻重的作用。涉农高校和农科专业应结合专业实践教学改革趋势,将劳动教育融入专业教育,尤其是结合农业生产劳动开展与学生专业发展相关的生产性劳动实践活动。

(二)依托新时代劳动教育要求,加强农科专业劳动教育实践课程建设

农科专业是我国高等农业院校的传统优势专业,具有应用性和实践性极强的特点,其培养出的人才要求具备扎实的理论知识和专业技能,同时还应具备较强的科学试验能力、分析问题和解决问题的能力[1]。实践教学是农科专业人才培养重要的组成部分,通过实践教学,有助于学生将理论知识与专业实践相结合,提升学生的专业知识与技能,并激发其创新意识,培养其科学的创新思维,升华其创新精神,促进科学精神的发展[2]。《大中小学劳动教育指导纲要(试行)》指出,高校专业类课程要与服务学习、实习实训、社会实践、毕业设计

---

[1]郭风法,宁堂原,王守义,等.农学专业实验教学改革与实践[J].实验科学与技术,2006,4(2):88-91.
[2]张思尧.大学生创新精神培养研究[D].大连:大连海事大学.2014:29-30.

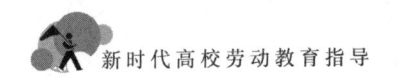

等相结合开展各类劳动实践,注重分析相关劳动形态发展趋势,强化劳动品质培养。在这一要求下,农科专业更要注重在真实的生产环境和社会工作环境中开展真实任务的实验教学、劳动生产实践,能促使学生体验生产劳动过程,掌握专业知识、技能和专业劳动知识,提升专业相关的劳动能力。可见,在专业教育中融入劳动教育,强化基于专业成长的生产劳动实践是高校劳动教育的重要内容。高校劳动教育要明确主要依托的课程,结合学科、专业特点,有机融入劳动教育内容。由此,各涉农高校农科专业纷纷开展实践教学改革,结合专业课程建设不断强化劳动教育,提高实践教学质量。西南大学农学专业在"新农科"建设和劳动教育的共同要求下,对农作物生产的实践教学过程进行认真分析总结,在充分调查、研究、论证的基础上,将"作物学实验"和"作物生产实践"等实践教学课程作为该专业劳动教育的主要依托课程,让学生在掌握深厚作物生产知识的前提下,积极参与生产劳动过程,掌握生产劳动技能,培育积极的劳动精神。

二、案例介绍

"新农科"人才培养对学生专业实验实践提出了更高的要求,要以"三农"思想指导实验实践,要求学生的实验实践不能局限于传统农业教学,亟待更大的改革与提升。同时,劳动教育是新时代党对教育的新要求,是中国特色社会主义教育制度的重要内容,是全面发展教育体系的重要组成部分,是大中小学必须开展的教育活动。西南大学农学专业充分挖掘劳动教育的内容和途径,将劳动教育融入实验实践课程建设,使专业实践教学改革与劳动教育有机结合,不断创新农科专业劳动教育新路径。

(一)结合专业实际,选取劳动教育主要依托课程

《关于全面加强新时代大中小学劳动教育的意见》指出,"普通高等学校要

明确劳动教育主要依托课程,其中本科专业阶段不少于32学时。除劳动教育必修课程外,其他课程结合学科、专业特点,有机融入劳动教育内容"。因此,除了学校统一开设的公共性或通识性劳动教育必修课程外,每个专业都还应根据自身的学科专业特色,选取本专业劳动教育的主要依托课程。农学(农业科学)是研究与农作物生产相关领域的科学,包括作物生长发育规律及其与外界环境条件的关系、病虫害防治、土壤与营养、种植制度、遗传育种等领域。而农作物生产必须要经过生产劳动才能得以实现,这意味着农学专业的学生必须经过农作物生产劳动的实践教学,才能实现专业人才培养目标。所以,开展作物生产劳动是农学专业劳动教育的主要特色和天然优势。

西南大学农学专业在推进"新农科"建设过程中,对专业课程体系做了进一步调整和优化,将"作物学实验"和"作物生产实践"课程作为本专业劳动教育的主要依托课程。该课程将作物生产实际与作物生产知识相结合,采取西南地区典型的马铃薯-玉米-甘薯间套作种植模式,进行周年生产种植,生产性和实践性极强。同时,学生还可以结合个人兴趣,选种蔬菜、瓜果和花卉等植物。在课程内容的组织上,教师引导学生运用栽培学、耕作学、土壤肥料学、育种学、植物生理学、气象学、生物统计、植物病理学和农业昆虫学等课程知识,结合相关农事生产技能,经过选地、整地、播种、育苗、移栽、基肥与追肥施用、中耕除草、防治病虫害、田间调查、收获测产等生产过程,明确作物生产流程,掌握生产操作技术。课程还积极加强劳动实践基地建设,加强劳动生产投入,增添植保无人机等智慧农业设备,改善生产劳动的实践条件。

"作物学实验"和"作物生产实践"课程在教学中注重专业实践教育和劳动教育的融合发展。课程结合学校所在地区作物生长的地域性和专业培养目标,借鉴国内高校生产实践和农事活动教学经验进行改革与探索;明确了培育学生的劳动精神与创新精神的改革目标与思路,形成较为完善的课程实践教学

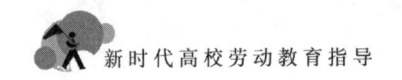

体系,为培养具备积极劳动精神、深厚作物生产知识,以及从事与农学相关的教学、科研、技术推广和经营管理等方面的工作能力,适应现代农业需求的拔尖创新型、复合型高素质人才奠定基础。课程还深度挖掘劳动教育内容,强化劳动精神培养,通过劳动教育促进专业实践教育,进而依靠专业实践教育进一步强化劳动教育,二者相互促进,达到专业实验实践教育与劳动教育的双向耦合。

(二)重构教学体系,在实践课程中有机融入劳动教育

针对劳动教育实践的类型和方式,"作物学实验"课程采取以学生为主体的"项目式"和"参与式"教学模式,对原有教学内容进行重新组合和拓展,将实践教学内容与劳动教育内容一一对应。"作物生产实践"课程对实践教学体系进行系统化设置,以基础性生产劳动技能和创新性劳动研究作为主要教学目标,在培养学生掌握作物生产基本劳动技能的同时,通过开展生产技能大赛,进行高产、优质、增效等作物生产研究活动的形式,促进学生探索创造性生产劳动。两门课程的专业教育与劳动教育内容耦合情况详见表1。

表1 "作物学实验"和"作物生产实践"课程中专业教育耦合劳动教育情况表

课程	课程教学	内容	教育对象与性质	教育对象容量
作物学实验	参与式教学	教师和学生团队共同完成各班所有实验项目教学工作	农学学生:专业教育和学生生产劳动技能提升	8~10班次/年
		种植材料、取样、拍照和录制视频、制作PPT、做预备实验、设计教学、试讲课、课堂汇报和辅助教师指导实验教学	农学学生:创新性生产劳动教育	8~10班次/年
		整理实验内容,设计科普知识	农学学生:服务性劳动教育	8~10班次/年

续表

课程	课程教学	内容	教育对象与性质	教育对象容量
作物生产实践	理论与作物实际生产结合，开展科研活动和技能大赛	运用多门课程理论知识并结合作物生产种植马铃薯/玉米/甘薯及其他作物	农学学生：专业知识教育	8~10班次/年
		选地整地、播种、育苗、移栽、基肥与追肥施用、中耕除草、防治病虫害、田间调查、收获测产等农事劳动	农学学生：生产性劳动	8~10班次/年
		指导不同学段学生进行播种、施肥、认识农作物、收获等劳动教育	农学学生：服务性劳动 不同学段学生：生产性劳动和劳动意识启蒙	农学8~10班次/年；不同学段8个班次/年
		开展特色作物种植实践选修	非农专业学生：生产性劳动	4~6班次/年

两门课程的劳动实践内容全面且系统，关于作物生产的知识面广，包括土地分配、试验小区的划分、套作时空参数配置、土地的选择与整理、作物品种选择、选种播种、育苗移栽技术、肥料施用技术、病虫草害的管理技术、收获测产技术以及作物特征特性的调查等各作物生产的全过程。学生在作物生产实践的过程中需要系统运用与整合作物生产涉及的各门专业理论知识，能促使学生的作物生产技能得到有效实践。在作物生产理论知识与作物生产实践的融合锻炼下，学生普遍具有的作物生产感性认识逐步向深层次的理性认识迈进，最终内化成学生新的作物生产知识体系，使学生的劳动生产知识、劳动生产技能和劳动精神都得到进一步的培育。

(三)完善评价体系,促进学生全方位劳动素养提升

合理的劳动教育评价体系是保证劳动教育质量的关键。除了要从学校层面制定统一的劳动教育评价体系外,各专业也要将劳动教育融入专业人才培养目标和毕业要求,并将涉及劳动教育的毕业要求指标点分解到课程体系的各门课程之中。同理,劳动教育的主要依托课程亦要按照专业认证要求,从产出导向的要求出发,对标毕业要求指标点,将劳动教育融入课程教学目标、教学内容,采取适当的教学方式,在考核要求和成绩构成中明确劳动教育的具体考核评价标准。从课程考核评价的角度,明确劳动知识、劳动技能和劳动价值观的考核要求,更能促进学生劳动素养的全方位提升。

根据"作物学实验"和"作物生产实践"两门课程的劳动教育目标,课程评价主要集中在学生生产劳动、服务性劳动和创造性劳动三个方面素养的评价。首先,生产劳动评价主要对学生完成的各项农事活动进行评价。教师在实践教学过程中,对作物生产基本农事操作技术和关键技术进行指导后,学生开展基本的农事活动。教师对学生的种植计划、科研试验方案、试验结果分析以及作物种植技术报告进行考核,评价学生在生产劳动过程中掌握劳动知识和技能的水平。其次,服务性劳动评价主要是对学生作物生产科普内容的整理和设计能力进行评价。学生在开展生产劳动后,选择自己感兴趣的作物作为科普对象,并将自己亲身劳动实践后的收获和体悟应用到科普内容中,并以此评价学生劳动知识和技能的内化能力。再次,创造性劳动评价主要是对学生发现问题、解决问题,尤其是解决关键生产技术的能力。教师通过引导学生设计作物生产试验方案、探寻作物生产关键技术,评价学生自行找到解决问题的方法的能力。一方面加强学生学习的主体性,让学生对已有知识和理论进行重新组织,促进学生专业知识的内化;另一方面,让学生在劳动实践中发现问题、

解决问题,并在此基础上取得新的劳动成果,以此能提高学生的创造性劳动能力。

三、案例启示

作物生产劳动实践是农学专业重要的实践教学内容,也是学生掌握专业劳动知识、培养专业劳动技能的必备环节,是开展生产劳动的重要平台。从上述案例可见,专业类课程将劳动教育与学生的专业成长紧密结合,既适应了专业实践教学的要求,也强化了学生的劳动教育。尤其是上述农学专业选择的劳动教育依托课程,结合劳动教育对课程教学内容、教学方法和教学评价体系的改革与完善,有力地促进了农学专业的培养目标的实现。根据上述案例可知,高校劳动教育要与专业教育紧密融合,明确本专业劳动教育的依托课程是基础,丰富课程中劳动教育的实践形式是途径,劳动教育中强化价值观的塑造是最终目的。如此,才能使学生较好地掌握作物生产劳动相关的专业技能和专业知识,熟悉和掌握科学的劳动方法与技能,激发和训练创新意识和创新思维,提升创新精神和创新能力,进一步促进劳动价值观的养成。

(一)依托专业培养目标,明确劳动教育的依托课程是基础

高校劳动教育课程体系建设首先需要外部制度的保证,要将劳动教育明确纳入高校教学体系及人才培养体系中,保证高校劳动课程地位及课时。具体而言,可通过两种途径,一是在思想政治教育理论课、创新创业基础课、大学生就业指导课等公共基础课程中,通过理论知识学习增强学生对马克思主义劳动观的认知;二是在专业课程中明确劳动教育的主要依托课程,结合专业实习或课程实训开展生产劳动实践,让学生在具体的劳动实践活动中出力流汗,体验劳动过程。开展生产劳动实践是由劳动教育的实践性决定的,专业在进

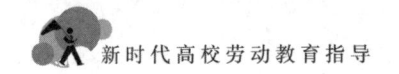

行培养方式设计时要注重将理论教学与实践教学相结合,将劳动教育课程明确纳入高校教学体系及人才培养方案中,并结合专业人才培养目标,在专业课程体系中明确培养专业核心知识和必备技能的劳动教育依托课程。

西南大学农学专业将"作物学实践"课程作为专业劳动教育的主要依托课程,结合专业人才培养目标开展生产劳动实践,设计了丰富的课程内容和多样化的教学评价方式。第一是种植计划书,主要考查学生种植计划的可行性与完整性,让学生学会根据实际生产制订种植计划。第二是农事活动记载表,通过实施与记载,让学生了解并掌握各项农事活动的时间与基本要领。第三是农艺性状调查表,让学生了解并掌握作物的生长发育规律。第四是田间中期检查,重点是对学生进行农事活动质量的把控,是实践成功与否的关键。第五是试验分析和生产总结,学生要对试验数据进行分析和对生产实践过程进行分析总结,找出其中存在的问题和解决办法并最终形成该作物的栽培技术方案。考核方式明确了学生对作物生产基本农事活动的掌握,让学生熟悉并掌握作物生长发育特性的同时,加重学生在田间的农事操作过程管理和种植计划书与生产总结的权重。多样化的考核方式既注重了生产实践与专业理论的结合,又注重了专业基础、创新研究和劳动教育的结合;既培养了学生的作物生产技能、实践操作能力,提升了专业理论水平,又训练了学生的劳动实践能力,培育了劳动精神。

(二)丰富劳动教育形式,拓展劳动实践方式是途径

新时代的劳动教育必须注入新的内容,积极探索具有时代特征、教育特质、专业特色、学生特点的劳动教育课程。高校劳动教育面向大学生群体,其侧重点应是劳动的知识理论性问题及与应用实践紧密联系的实际问题。新时代高校劳动教育必须有更丰富的活动形式,既要继承传统,也要不断创新,使

劳动形式具有新颖性、灵活性、开放性和发展性等特点。一方面要注意继承传统有效的劳动教育活动形式,如校园劳动、学工学农、勤工俭学、志愿服务等;另一方面,创新劳动教育形式,注意与其他形式实践活动相融合,实现劳动教育显性教育与隐性教育相结合、借用实践基地及其他社会资源等,增强劳动教育课程,尤其是生产劳动实践的体验感。

西南大学农学专业的劳动教育依托课程,原本是一门专业性的生产劳动实践课程,但是在课程建设过程中,却不断结合新时代高校劳动教育的时代内涵,在学校的实验农场中开发出针对不同学段、不同专业的学生人群的劳动教育内容,包括专业性的生产劳动和公益性的服务劳动。一是针对学校农学专业学生开展生产劳动实践,将学生的专业成长与劳动教育相融合。课程要求学生将农学专业综合理论生产知识与作物生产实践相结合,通过学生整地、播种或育苗、移栽、施肥、浇水、中耕除草、防控病虫害和收获测产等一系列的农事实践操作,掌握作物生产技术,既强化学生劳动实践能力,又提升学生专业素养。二是开设生产劳动实践通识选修课,针对非农专业学生开展特色作物种植实践的生产劳动教育。让那些对农作物生产有兴趣的非农专业学生可以在真实的农业生产环境中开展真实任务的作物实验教学、劳动生产实践,促使学生体验生产劳动过程,掌握农业生产知识、技能和专业劳动知识,提升生产劳动能力。三是针对校外中小学学生开展生产劳动教育,以及针对幼儿园孩子开展劳动启蒙教育,进行公益性的服务劳动。课程每学期会组织3-5个课时,与中小学和幼儿园进行劳动教育互动,由指导老师组织农学专业学生给孩子们讲解作物生产知识,与孩子们共同开展作物种植、收获活动,引导孩子们养成珍惜粮食的好习惯,不仅促进孩子们养成珍惜劳动成果、热爱劳动人民的劳动意识,也进一步强化了同学们的劳动意识。

(三)体悟劳动价值与意义,在劳动教育中强化价值观的塑造是目的

新时代高校劳动教育最重要的是劳动价值观的塑造,包括劳模精神、工匠精神、奋斗精神及创新精神等的培育。劳动价值观的塑造也是劳动能力素养、职业道德素养和劳动品质素养的一种体现。新时代大学生劳动价值观的塑造要体现在"知情意行"等四个方面,"知"包括"劳动最光荣、劳动最崇高、劳动最伟大、劳动最美丽"的劳动观念;"情"包括热爱劳动、崇尚劳动、尊重劳动的劳动情感;"意"包括锲而不舍、吃苦耐劳、艰苦奋斗的劳动意志;"行"包括"辛勤劳动、诚实劳动、创造性劳动"的劳动行为[①]。因此,劳动价值观是劳动教育的灵魂,新时代高校劳动教育必须突出劳动精神,将劳动教育与思想引导相统一,与素质要求相结合。

2021年5月1日,在"五一"国际劳动节来临之际,西南大学农学专业学生结合"作物生产实践"课程,在生产劳动中亲身种植获得的劳动成果——马铃薯获得大丰收。为分享劳动成果,经学校教务处统筹协调,积极开展"我为师生办实事"的党史教育实践活动:由后勤集团膳食中心将学生种植的马铃薯进行精心加工后,在全校9个食堂开设专门的免费品尝窗口,邀请广大师生共享劳动成果,体验劳动快乐。此次马铃薯成果分享活动不仅是学校将劳动教育融入人才培养全过程的一个真实写照,还是2019级农学专业学生,基于"作物生产实践"课程在实验农场参与生产劳动的全过程体现,在促进学生专业成长的同时让同学们真切体会到了劳动的价值和意义,极大增强了同学们的专业兴趣和劳动积极性。如2019级隆平班班长阳新月同学在劳动实践中谈到:"通过'作物生产实践'这门课程,我们掌握了多种作物的种植方法。在亲身体验种植栽培作物的过程中,我们感受到劳动人民的辛苦,粮食的来之不易。将自己亲手种植的土豆分享给全校师生品尝,并获得好评,更坚定了我们的专业自

---
① 汪萍.高校劳动教育的发展历程、基本经验与进路选择[J].黑龙江高教研究,2020(12):12-16.

信。""作物生产实践"课指导老师赵勇谈到:"同学们在劳作课程学习的过程中表现出极大的专业学习兴趣和吃苦耐劳的精神,通过劳动实践与专业理论知识的结合,同学们不仅掌握了劳动知识和技能、端正了劳动态度,还养成了劳动习惯,培养了劳动道德。"农学与生物科技学院阳义健书记介绍道:"'民以食为天,食以土为根,食以安为先'。本次分享的劳动成果是学校薯类作物研究所自育的优质马铃薯品种——缙云薯2号。同学们在任课老师的指导下,将课程所学的专业知识应用于生产实践,采用马铃薯/玉米/甘薯套间作模式,使用椰糠土、草炭土、有机肥等改良土壤,提高土壤肥力,减少农药和化肥施用,践行健康绿色生态环保理念,实现了马铃薯的绿色、优质、高产。"学校还结合该课程的劳动实践内容,陆续推出玉米、红薯等学生生产劳动的成果分享活动,不仅让农学专业学生在劳动收获中体验到劳动的快乐、价值和意义,还让全校师生在劳动成果的共享中,形成了劳动最光荣、最崇高、最伟大、最美丽的价值共识。

四、参与者的劳动体悟

劳动教育融入专业成长

2021年5月1日,在这个为劳动而喝彩的日子里,我深刻体会到了劳动的光荣与快乐。西南大学农学与生物科技学院2019级农学专业学生借助"作物生产实践"这门课程,在老师指导下,亲手种植的马铃薯获得大丰收。为了分享这份喜悦,我们在全校9个食堂开设专门的免费品尝马铃薯窗口,邀请广大师生共享劳动成果,体验劳动快乐。我有幸加入其中,成为马铃薯成果分享活动志愿者中的一员。一碟辣椒面,一个马铃薯,最简单的食用方法,却获得了老师同学们的喜爱。不到两小时,各窗口的马铃薯便被"洗劫一空"。我们的劳动成果分享活动被人民日报、华龙网、上游新闻、中新网、中华全国学联等媒体广泛报道，一天之内的阅读量达到1.1亿次，持续登上微博热搜。看着老师同学们品尝马铃薯时脸上洋溢的幸福笑容，以及各大媒体平台上网友为我们的"点赞"评论，我不仅为自己身为一名劳动者而感到深深自豪，也更加坚定了我们的专业自信。

在劳动教育融入人才培养的"作物生产实践"课程上，我们将生产劳动与专业知识相结合，不仅在实验室学习了很多专业的理论知识，更深入田间，切身实际地学习如何起垄、如何施肥、如何根据作物不同的生态特征进行相应的处理……一个个烈日下，有我们俯身田间的身影；一场场大雨后，有我们赤脚下地挖排水沟的脚印。可以说，每一次实践都是一次身心上的共同成长。同时，我们在马铃薯的品种选择上，更是创新性地使用了我们学校薯类作物研究所自主研发、培育的优质马铃薯品种——缙云薯2号，其淀粉充足、味道鲜美，广大师生品尝后无不伸出大拇指，夸赞是他们吃过的最美味的土豆。这次劳动教育活动不仅教会我们如何创造性地运用专业知识创造价值，更是让我体会到如何把脑力劳动同体力劳动相结合，做一个能吃苦耐劳的人，让我感知到劳动的伟大价值。

在生产劳动和创造性劳动的同时，我们专业的学生也创造性地结合课程开展服务性劳动。2021年4月29日，在马铃薯收获之际，由我组织带领农学与生物科技学院2019级农学团支部与来自西南大学附属幼儿园中三班28名小朋友一起，开展了"知识捍卫粮食安全，劳动创造美好生活"的志愿服务团日活动。活动首先由农学与生物科技学院2019级农学团支部班委代表为小朋友们讲解了马铃薯的相关知识。紧接着，在老师和家长的陪同下，农学与生物科技学院2019级农学团支部全体同学带领小朋友们一起来到田间地头，教给他们收获马铃薯的小技巧，让小朋友们体验了一次劳动的趣味与丰收的喜悦。热烈的阳光也抵不过现场气氛的火热，小朋友和家长们都十分地投入，试验田内充满了欢声笑语，连护栏外也有不少行人驻足观看。活动结束后我们也将部分收获的马铃薯赠送给小朋友。能让小朋友们在劳动中收获知识,在劳动中获得快乐,在劳动中感受到劳动人民的辛苦和来之不易;让大家明白知识和技术对于捍卫粮食安全、提高粮食产量的重要性,我相信,这也是劳动教育的目的之一。

粗茶淡饭,皆是细水长流。通过劳动教育,才能让当代青年或是小朋友真正理解和认同劳动的价值,才不会被不劳而获、奢侈浪费等错误思想带偏,不会养成轻视体力劳动、贪图享受的漂浮作风。通过学习教育,掌握一定的劳动技能、养成良好的劳动习惯,我们也会受益一生。

——西南大学农学与生物科技学院2019级本科生 阳新月

第三节
"食品空间"锻造实践能力

《关于全面加强新时代大中小学劳动教育的意见》指出,"要多渠道拓展实践场所","进一步完善学校建设标准,学校逐步建好配齐劳动实践教室、实训基地"。《大中小学劳动教育指导纲要(试行)》也指出,"要切实加强劳动教育条件保障与专业支持,丰富和拓展劳动实践场所:充分利用现有综合实践基地和普通高等学校劳动实践场所,建立健全开放共享机制,推动学校充分利用校内学习、生活有关场所,逐步建好配齐劳动技术实践教室、实训基地,丰富劳动教育资源"。劳动实践场所是高校劳动教育从劳动理论知识走向劳动具体实践的硬件条件,是劳动教育顺利开展的条件保障。工科专业对实践动手能力具有极高的要求,高校工科专业应结合自身学科专业实际,在"新工科"建设背景下,积极拓展和建立劳动实践场所,促进学生劳动实践转化,让学生在体验式劳动中生成内在劳动素养与劳动实践能力。本案例主要从学生层面,以西南大学食品科学学院劳动教育实施为例,介绍西南大学工科类专业劳动教育开展情况。

一、案例背景

(一)适应"新工科"建设要求,将劳动教育融入工科人才培养需求

劳动能力培育是新时代高校劳动教育的重要内容。面对日新月异的科技进步和繁重复杂的发展任务,新时代的劳动者不仅要爱劳动、会劳动,还要懂

技术、能创新。为提高大学生的劳动能力,要扎实推进劳动教育与新农科、新工科、新文科、新医科建设的融合发展,促进学生将专业实践与劳动教育相结合,在劳动实践中培育劳动能力。工程实践能力是工科教育的核心能力,工科专业应更加注重学生实践动手能力的培养。2017年2月以来,教育部积极推进新工科建设,先后形成了"复旦共识""天大行动"和"北京指南"。[①]"新工科"是在全球化发展背景下,基于国家战略发展需求,对传统工程教育的改革发展,以应对变化、塑造未来为培养理念,注重继承与创新。[②]为应对全球化发展和产业变革,需要储备更多高素质的新工科人才,也对新工科人才培养提出了更高的要求。新工科培养的是工程实践能力强、创新能力高的高素质复合型人才,不仅要具备扎实的专业知识,还应具备多维度的能力素质,尤其是工匠精神、实践能力和创新能力。而这些能力的培养可以通过劳动教育来实现,劳动教育应该成为新工科人才培养的重要渠道。因此,在现有新工科人才培养体系中,高校应该有效融入劳动教育,通过培育学生的劳动价值观、搭建劳动教育平台,着力培养德智体美劳全面发展的新工科人才。[③]

(二)依托新时代劳动教育要求,加强工科专业劳动实践平台建设

新工科建设和劳动教育作为新时代高等教育人才培养体系的重要组成部分,都是为了解决高等教育人才培养与社会需求脱节问题而进行的理念更新与模式变革,都特别强调与新时代劳动发展趋势紧密结合,面向未来工作世界、劳动世界培养人才,都特别注重培养大学生的社会责任感、创新精神和实践能力。[④]新工科背景下的专业教育与劳动教育具有极强的内在关联性,尤其

[①]黄英,李保国,雷菁,等.新工科的专业核心能力探索及课程体系构建[J].大学教育,2020(5):20-22.
[②]钟登华.新工科建设的内涵与行动[J].高等工程教育研究,2017(3):1-6.
[③]孙伟,冯晓东,罗迪,等.劳动教育融入新工科人才培养的难点、路径与意义[J].创新与创业教育,2020,11(6):77-81.
[④]孙元,付淑敏.新工科背景下劳动教育与专业教育融合研究——以湖南第一师范学院通信工程专业为例[J].湖南第一师范学院学报,2020,20(2):64-67.

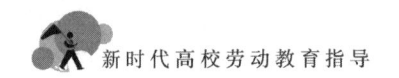

是专业实践与劳动实践的结合,更是培养新工科人才实践能力和创新能力的重要抓手。这种实践能力的培养不仅要建立健全工科专业的实践教学体系,还要有充分的实践教学平台和实践场所,供学生开展劳动实践,进行劳动实践成果转化。因此,实践平台建设成为众多高校劳动教育的重要抓手,通过完善条件保障,让工科专业学生拥有更多实践动手的机会,以便在劳动实践中真正锻造出劳动能力和创新能力。为构建大学生德智体美劳全面培养的教育体系,完善工科专业学生劳动实践场所,西南大学食品科学学院结合自身专业特点和学生知识背景,在学校建设了"食品空间"劳动实践平台,不仅可以面向本学院工科专业学生开展专业性的劳动实践,还可以面向全校学生开展俱乐部形式的劳动教育活动。

二、案例介绍

实践能力、创新能力的培养不仅是工程教育的一项重要内容,也是劳动教育的重要构成。西南大学食品科学学院包含食品科学与工程、食品质量与安全、包装工程三个工科专业,对食品工程设计、食品生产加工、食品包装设计等工程能力训练具有较高要求。这些工科专业对学生的实践性要求极强,需要学生在掌握系统的工程理论知识基础上,具备较强的工程思维和动手实践能力。为满足新工科和劳动教育双重视角下工科专业学生实践能力、创新能力的培养,西南大学食品科学学院建立了"食品空间"劳动实践俱乐部,给学生劳动教育提供实践场所和硬件保障,并形成了独具特色的劳动教育模式。

(一)结合人才培养实际,打造劳动教育实践平台

为增强学生的动手实践能力,拓展学生综合素质和创新意识,使学生在课余生活结合专业实际开展劳动实践,西南大学食品科学学院针对自身学科专

业特色,建设了由"U食制造"创客空间和"科学兴趣俱乐部"两部分组成的"食品空间"劳动实践平台。其中,"U食制造"创客空间成立于2019年,由食品科学学院和校友企业北京医食同源有限公司共同建设,集学习、科研、劳动教育、创业分享、主题沙龙、项目孵化等为一体的综合生态体,面向全校师生开放。同时,"U食制造"创客空间还为学校创新项目提供工位、风投、融资、创业指导以及创新教育服务等多项服务的创业孵化器。"科学兴趣俱乐部"建立于2020年,包括烘焙俱乐部、精酿啤酒俱乐部、肉制品加工俱乐部和酸奶俱乐部四大科学兴趣部。"科学兴趣俱乐部"主要面向食品科学学院学生,是一个集专业兴趣培养、劳动教育实践、专业实践、综合素质拓展和创新意识培养等为一体的综合实践体。"食品空间"的建设和推广不仅为学院学生创造了一个和谐、活泼、团结、共享、探索的沟通与交流平台,也为学生进行食品加工和制造的劳动实践提供了实践场所。

"食品空间"目前主要包含"U食制造"空间、烘焙单元、精酿啤酒、肉制品加工、酸奶生产五个食品制造单元,各制造单元配备了完善的劳动设备。如"U食制造"空间配备了咖啡机、打浆机等设备,烘焙单元配备了醒发箱、烤箱和面机、整形机等设备,精酿啤酒单元配备了啤酒发酵生产单元及附属配套工具等设备;肉制品加工单元配备了包括斩拌机、烟熏箱、灌肠、杀菌、包装设备等,酸奶生产单元配备了酸奶发酵生产单元及附属设备等。平台功能丰富,不仅可以为院内相关专业学生开展专业性的劳动实践提供实践场所,还能为院外对食品加工和制造感兴趣的非食品专业学生的劳动实践提供服务。具体而言,其功能包括为食品科学与工程专业及食品质量与安全专业认知实习、生产实习提供实操平台,为学生各类创新创业、科研实训、科普宣传、实践活动搭建平台。

(二)创新活动组织形式,实行劳动实践俱乐部制度

为给学院广大学生创造一个和谐、活泼、团结、共享、探索的沟通与交流平台,促进同学们在专业实践之余,积极参与食品生产、加工等与专业学习有关的劳动实践,进而有效提升学院人才培养的质量和水平,西南大学食品科学学院针对专业和学科特色,在"食品空间"实行劳动实践俱乐部制度,吸引有兴趣开展特色食品研发的同学一起参与。学院期望通过俱乐部的建设和运营,建立起以学生兴趣为纽带,以劳动教育为核心,以专业知识学习和应用为目的的实践平台,为学生劳动、学习、创新和自主管理等综合能力的培养和提高提供有效途径。

俱乐部建立了完善的组织管理机构,设置主任2名、部长1名、副部长2名。俱乐部主任由相关专业老师担任,部长、副部长从俱乐部的学生成员中选拔。各俱乐部根据自身生产性质和活动内容,设置办公室、生产组、外联组和研发组,各组设置小组长1名。办公室负责财务管理、会员资料记录和生产采购材料登记;生产组负责生产相关仪器培训和产品制作;外联组负责俱乐部形象设计和建立以及俱乐部活动的设计、推广和宣传;研发组负责产品设计和研发。学院和俱乐部定期开展新会员的选拔工作,会员主要面向本学院各专业大一、大二年级学生招募,并根据场地、报名人数、学生表现等实际情况,确定最终入会名单。

俱乐部开展的劳动实践活动参与对象广泛,每个俱乐部承纳50人左右,整个"食品空间"每学年能够承担学院新生总人数一半以上的实践活动。同时,俱乐部的劳动实践活动丰富,如每学期定期组织开展食品生产和加工相关的基础技能培训;邀请相关专家进行专题讲座,让同学们了解行业发展趋势,拓展行业相关的劳动生产知识;组织特色产品的制作、加工和工艺研发;协助学

院开展相关教学和科研工作等。同学们可根据自己的兴趣,选择参加相应的劳动实践活动,培养自己的专业兴趣和实践动手能力。

(三)丰富劳动实践内容,培育学生多样化劳动能力

基于"食品空间"的劳动实践平台,学院针对性地开展生产劳动、服务性劳动和创造性劳动等多种劳动实践形式。在生产劳动方面,学院主要结合各专业人才培养方案中的"生产实习"教学计划开展劳动实践活动。如2021年春季学期,2018级食品科学与工程专业87位学生根据"生产实习"课程目标和课程安排,在2周的实习时间内,通过焙烤、精酿啤酒和肉制品加工三个食品生产与加工单元,完成4个大类8个种类的食品生产与制作。经过分组实习答辩,不仅取得了较好的生产实习效果,也极大锻炼了学生的生产劳动能力。在服务性劳动方面,"食品空间"通过各大俱乐部,面向全校师生定期开展食品营养、安全、生产、保鲜等相关知识的科普宣传活动。同时,俱乐部还留取一定名额,招募院外非食品专业的学生,共同参与食品生产与制作。

在创造性劳动方面,学院基于"U食制造"创客空间,通过组织创业沙龙、创新创业教育讲座等,实施食品制造的创新创业特色课程研发,激发学生创造性劳动能力。教师带领学生通过创客空间自主研发、生产相关产品,参加食品类创新创业赛事,如"百超杯"创新大赛、食品博览会、"天博"食品创意大赛、"萌番姬"杯等赛事。同时,空间还开展创新创业项目培育工作,成为食品创新创业和科技成果转化的专业孵化平台。2021年4月20—23日,食品科学学院2019级"百超班"学生与"食品空间"肉制品加工俱乐部联合开展了"百超食品嘉年华"活动。同学们在学院老师指导下,进行了为期三天不同口味牛肉干和兔肉丁产品的生产制作,产品制作完成后进行真空包装,为学院举办的第六届食品博览会做基础准备。活动中,同学们充分运用食品专业知识和前期调研

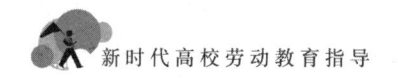

所得经验,开发出不同口味和特色的产品,提高了同学们的实践动手能力和团队协作能力,极大提升了同学们充分发挥主观能动性和创造性劳动的能力。

三、案例启示

新工科人才的培养需要不断加强对学生实践能力和创新能力的培养。在新工科背景下,工科学生的专业核心能力包括工程思维与工程实践能力、创新思维与创新实践能力、自主学习与终身学习的能力[1],其中,实践能力和创新能力的培养是核心能力。劳动教育与新工科人才培养具备高度的相关性,在培养目标上具有高度的一致性,在教育方式方法上也具有较强的共通性。劳动实践锻炼和劳动能力培育是高校劳动教育的重要内容,与新工科背景下的工程实践能力、创新实践能力具有密切的关联性。基于上述案例可见,高校在院系层面需要积极拓展劳动教育实践平台,以此促进专业实践和劳动实践共通,从而激发学生对劳动实践和专业学习的兴趣。

(一)丰富和拓展劳动教育实践平台,加强劳动教育条件保障

大学生作为一个社会的特殊群体,大学阶段是学生形成正确劳动观、具有积极劳动精神、良好劳动态度、基本劳动技能的重要阶段。促使大学生劳动素养提高最有效的方法就是让学生参与劳动实践。现在大部分的大学生生活在城市中,接触到的生产、生活、服务性等具体的劳动并不多,这样就需要参加劳动实践去补充和丰富自己的劳动经验。劳动教育实践活动对于在校大学生加深对本专业的了解、确认适合的就业方向、形成正确劳动观、培养劳动精神、端正劳动态度、提高劳动技能等多方面具有积极的意义,而丰富拓展劳动教育实践平台便是确保大学生参加劳动实践活动的关键保障。

---

[1] 姜晓坤,朱泓,李志义.新工科人才培养新模式[J].高教发展与评估,2018,34(2):17-24.

● 第五章　新时代高校劳动教育的实施案例

　　《关于全面加强新时代大中小学劳动教育的意见》指出,"要大力拓展实践场所,满足各级各类学校多样化劳动实践需要","高等学校要充分发挥自身专业优势和服务社会功能,建立相对稳定的实习和劳动实践基地",要"充分利用社会各方面资源,为劳动教育提供必要保障。"各级政府部门就要充分整合社会资源,多方调动社会力量去搭建劳动实践平台,加大对大学生劳动实践平台的资金投入与扶持力度,让大学生们有更多的实践教育平台。同时,高校作为实施劳动教育的关键一环,不仅要充分利用校内资源,建立完善各类劳动教育实践平台,而且也要积极主动地与社会保持有效的沟通,争取获得社会各类群团组织、企事业单位以及各类公益基金会、社会福利组织的支持,建设更多的平台让学生进行劳动实践,加强劳动教育的条件保障。

　　西南大学食品科学学院就针对自身学科专业特色以及新时代劳动教育的要求,建设了由"U食制造"创客空间和"科学兴趣俱乐部"两部分组成的"食品空间"劳动实践平台。"食品空间"劳动实践平台不仅是集专业实践、劳动教育、创业分享、兴趣培养等为一体的综合实践体,而且平台功能丰富,配备了各个食品制造单元的劳动设备;不仅可以为院内相关专业学生开展认知实习、相关教学活动、生产实习等专业性的劳动实践提供实操平台,而且还能为院外对食品加工和制造感兴趣的非食品专业学生业余的食品生产、加工、包装等各类劳动活动提供实践平台。"食品空间"正是西南大学食品科学学院充分发挥自身专业优势,主动整合校内校外资源,争取社会校友企业、学校的教师和各类学生团体等力量支持建设而成。学院建设的劳动教育实践平台,为高校劳动教育的有效开展提供了有力的条件保障。这一平台的搭建能够增强学生的动手实践能力,拓展学生综合素质和创新意识,使学生在课余生活结合专业实际开展劳动实践,培养劳动兴趣,亲身体会劳动的感觉,让学生在正式步入社会前,形成正确的企业劳动意识,拥有坚定的自信心,真真正正让劳动教育日常化、生活化、社会化,形成"会劳动、爱劳动、珍惜劳动成果"的生动场面。①

(二)促进专业实践与劳动实践的共通,强化学生实践能力培养

理论学习和实践锻炼都是劳动教育的必要内容。理论学习重在让学生掌握劳动科学知识,理解马克思主义劳动观和社会主义劳动关系以及劳动相关法律、法规、政策。而要将所学知识转化为真正有用的实际本领,形成良好的劳动习惯,高尚的劳动精神得靠劳动实践锻炼。专业实践活动是高等教育实践教学环节中的重要组成部分,包括专业实验、专业实训、专业实习等内容,是高校依托不同的教学环境,有计划地、系统地组织学生结合所学专业开展多元化的实操性、实践性活动,通过在做中学、在做中思、在做中行,增进学生对课堂讲授的专业知识的认识,激发其主动思考,提高其探索创新的意识,锻炼学生运用专业知识和技能解决实际问题的能力,提升学生的综合素质与就业竞争力。②在教育方式方法上,劳动实践与专业实践都具备极强的"实践驱动性",可以通过共同的实践平台,促进专业实践与劳动实践相通相融,提升高校学生与专业性相关的劳动实践能力。

西南大学食品科学学院针对学院专业和学科特色,在"食品空间"实行劳动实践俱乐部制度,建立起以学生兴趣为纽带,以劳动教育为核心,以专业知识学习和应用为目的的实践平台,同学们可根据自己的兴趣,选择参加相应的劳动实践活动,同时也能培养自己的专业兴趣和实践动手能力。同时,俱乐部建立了完善的组织管理制度,根据自身生产性质和活动内容,设置了办公室、生产组、外联组和研发组,不仅能够使学生了解开展食品生产和加工相关的专业知识技能,在实践中体会专业发展趋势,而且能够通过合作、分工等方式亲身体验生产性、服务性等劳动,锻炼劳动实践能力。食品科学学院通过实行劳

---

① 夏奕森.新时代大学生劳动教育路径研究[D].广西师范大学,2020.
② 刘向兵.新时代高校劳动教育论纲[M].北京:社会科学文献出版社,2019.

动实践俱乐部制度,搭建了集劳动教育与专业教育于一体的实践平台,有效促进了劳动实践与专业实践的融合共通,将高校劳动育人与专业实践教育有机融合,使学生在劳动实践中领会专业知识,习得专业技能,同时在专业实践活动中学会辛勤劳动、诚实劳动和创造性劳动。

(三)增强劳动实践的趣味性,激发学生对劳动的热爱之情

劳动实践在劳动教育中是鲜明而又丰富的,从个人的生活劳动习惯,到集体居住的环境保持,再到与学科知识相关的生产劳动,或者是投身公益性的义工志愿者服务与新时代所急需的创造性劳动等方面,都需要动腿动手,都需要实践操作。因此,拓展劳动实践内容,创新劳动实践形式,增强劳动实践的趣味性,设计大学生乐于参加的实践活动,是拓展大学生个性成长空间的重要方式,也是实现高校劳动教育育人目标的重要保障。不同地区、不同类型的高校可根据学校的具体情况,结合大学生的实际需求,围绕大学生创新创业,考虑学科和专业特点,遵循劳动教育的教学规律,广泛开展实习实训、社会实践、志愿服务等形式不一、内容丰富的劳动教育实践活动,创新劳动教育实践方式,增强劳动教育的吸引力和实效性,激发大学生对劳动教育的热情与兴趣,进而使学生在实践中养成自觉自愿、坚持不懈、吃苦耐劳等劳动品质。

苏联教育家苏霍姆林斯基十分重视学生的劳动兴趣在劳动教育中的重大作用,他以亲身经验雄辩地证明:"劳动变为教育力量的一个重要条件是:劳动必须使智力兴趣和创造兴趣具有充实的内容,使学生对劳动"爱得入迷"。[①]西南大学食品科学学院在"食品空间"实行的劳动实践俱乐部制度是以大学生喜爱的俱乐部形式、以学生的兴趣为纽带创建的劳动实践平台,丰富了劳动实践的形式,同时调动了学生参与劳动实践的热情。此外,在"食品空间"的劳动实

---

① 郭戈.培养劳动兴趣是劳动教育的重要任务——学习苏霍姆林斯基劳动教育思想的一点体会[J].比较教育研究动态,1984(2):51-53.

践平台基础上,食品科学学院组织了生产劳动、服务性劳动和创造性劳动等多种劳动实践活动,并且结合了实习实训、创业实践、专业服务、社会实践、公益劳动、志愿服务等形式来开展劳动实践教育。食品科学学院精心设计劳动实践,变"一如既往"为"推陈出新",改以往简单的出力流汗的体力劳动为形式多样、内容丰富、集趣味性与发展性于一体的劳动实践,能够有效地激发大学生劳动的内在需求和动力,发挥学生的主体作用、调动学生的主动性、积极性,变"要我劳动"为"我要劳动";变"为劳动而劳动"为"为发展而劳动";实现从"一厢情愿"到"皆大欢喜"。[①]

四、参与者的劳动体悟

百年风华时,西大蛋糕香

——食品科学学院烘焙俱乐部制作六米长巨型蛋糕以庆祝党的生日

第六届食品博览会(2021年4月24日)前的一周里,食品科学学院烘焙俱乐部的同学们忙开了锅。为什么?原来啊,是党的百岁生日将近,同学们想通过自己的劳动来共同庆祝这历史性的盛典。他们有个大胆的决定,那就是制作一个可供全校师生共同享用的巨型蛋糕!

一开始,摆在同学们眼前的就是几道难题——食品原料要多少?什么时候去购买?买回来了如何保存?等等。可这些问题怎么会难倒我们这群热爱劳动的人呢?同学们集思广益,积极和专业指导老师交流沟通,发挥食品专业学生的优势,在一天的时间里形成了统一的意见。然后,同学们开始认真规划,劲儿往一块使,负责采购的采购,搬运的搬运,清点的清点……不一会儿,

---

[①]李红卫,张丽云,丁苑丹,等.设计高校劳动教育实践活动应遵循的原则——基于学生乐于参与视角的质性研究[J].池州学院学报,2021,35(2):28-32.

接近500枚鸡蛋、20斤砂糖、两大桶食用油以及大大小小数不清的各种烘焙用具整整齐齐摆放在了俱乐部的操作台上。

到了蛋糕的制作环节,本想着平时的理论学习到这就可以大显神通了,因为学过"食品工艺学"的同学都知道一个蛋糕的制作过程无非就是那么几个步骤:原料配比—面糊调制—注入模型—加热烘烤—冷却脱模—装饰点缀—得到成品。何况在平时的运营里,俱乐部不乏常有在练习制作蛋糕的同学。但是在本次制作的过程中,他们却碰了壁。

刨根问底终究还是量的问题。同学们平时制作的只是日常吃的小蛋糕、小糕点,但这次要做的可是一块从来没有人尝试过的巨型蛋糕坯子……

距离食博会的时间越来越近,同学们得赶紧拿出办法来。虽然是一次史无前例的尝试,但是同学们凭借着满腔的热忱和对自己专业知识过硬的判断,把平时六寸小蛋糕的制作经验套用在了这次用的60厘米见方的大模具上。当第一块模具放进了烤箱,烤制的蛋糕好比考场上的答卷,随着时间一分一秒地过去,在场的同学一半是激动一半是紧张,大概是害怕出师不利吧。叮——烘烤时间到了,烤出来的蛋糕竟和预想的结果一模一样,成色、高度、口感都达到了预期标准,也就是说同学们成功了!在场的同学都欢呼雀跃,脸上洋溢着满意的笑容。

随后整间烘焙室开始了紧张而忙碌的工作。五六台打蛋机同时运行,同学们一批接着一批轮流"上阵",在两天的时间里共烤制了22块大型蛋糕坯子以及一块10寸圆形蛋糕。金灿灿的蛋糕坯子铺满了整整一个工作台,满间屋子洋溢着香喷喷的蛋糕气味。

可同学们的工作还没有结束——还有淡奶油需要打发。但是,谁都知道打发好的淡奶油是有时间和温度限制的。换而言之,首先得有个低温的环境,其次,还需要在使用它的前几个小时里弄好。为此,在4月24日前夕,每个同学手拿两台打发器,孜孜不倦地打发奶油直到深夜凌晨。那晚回竹园寝室的路上,我清晰地记得,天空正下着小雨。

2021年4月24日,第六届食品博览会终于来了。早晨五点,同学们集合在俱乐部,一方面是继续打发昨晚没打完的淡奶油,另一方面,同学们需要把做好的蛋糕以及奶油运送到活动的现场,还得组装、摆放好蛋糕坯子,涂抹好奶油……参加了此次食品博览会的同学想必都看见了,如此一个巨型蛋糕上面工工整整地写着几个大字——"祝中国共产党100周年生日快乐"。

当天热闹非凡的食品博览会上,不管是校内的师生朋友还是校外的媒体朋友们,看到如此一块巨型蛋糕时脸上露出了惊喜,这是对同学们这群默默无闻的劳动者最高的评价。回顾整个制作过程,食品科学学院的同学们不但将理论知识与实践能力相结合,创造性地迈出了劳动生产的一大步,同时也加强了多门专业知识之间的联系,让学科之间相互关联,形成体系脉络。为往后求职就业积累了难得宝贵的经验。

习近平总书记在庆祝中国共产党成立100周年大会上提出:"未来属于青年,希望寄予青年"。本次制作巨型蛋糕的劳动过程虽然辛苦,但这就是新时代对青年大学生的要求与考验。不怕苦不怕累,学习知识武装头脑。食品科学学院的学子应该学会忆苦思甜,让这蛋糕的香气飘荡在美丽的西大校园!

——西南大学食品科学学院2018级本科生 胡欣宇

第四节

"创新创业"托举人生梦想

创造性劳动是一种创新性的劳动,主要通过人的脑力劳动萌发出新技术、新知识或新思维,从而创造出新型社会财富或成果。创造性劳动的流程、内容和形式与简单重复性的体力劳动有巨大的差别,如科学家、企业家、设计师、工程师等科技含量高、创新性强的职业从业者,他们发明新的产品、提出新的方案、设计新的图纸、建造新的工程,为社会增加新产品、新观念、新事物或新财富,能促进社会的发展和进步。大学生作为中国特色社会主义事业的建设者和接班人,是最具创新力和创造力的群体,也是国家发展和社会进步的重要推动力量。将大学生创新创业教育与劳动教育相融合,不仅是促进大学生开展创造性劳动的重要渠道,也是现代信息技术驱动下,新业态和新业务对培养创造性劳动者的重要需求。本案例主要从学校层面和学生角度,介绍西南大学如何结合创新创业教育开展劳动教育。

一、案例背景

(一)应对新科技革命潮流,亟待通过创造性劳动培养高质量劳动者

当前,新一轮科技革命正迅猛兴起,互联网、大数据、人工智能和物联网等信息技术快速发展,引发了产业、社会与人类生活的深刻变革,催生各类新业务新应用蓬勃发展。新技术将现代元素融入传统行业,在与第一、二、三产业的不断融合中,通过技术创新、技术改造等方式升级旧业态,创造出智慧农业、

智慧城市、智慧交通、智慧旅游、智慧教育、智慧办公等新业态,催生了新的职业和新型劳动者。面对新的科技革命和不断兴起的新业态,这既是空前的挑战,也是我们加快推进现代化建设的战略机遇。把握机遇,抢占先机,根本是人才,关键在教育。尤其是当前面我国经济社会发展正处在爬坡过坎、新旧动能接续转换的关键时期,低端产能过剩与需求结构升级矛盾突出,同时还伴随我国劳动力数量红利窗口期已经过去,要加快推动经济发展迈向"双中高"(指中国经济长期保持中高速增长,迈向中高端水平),打造经济发展新动力,必须加快推进教育现代化,全力打造人才红利。[1]因而,我们必须正视产业形态的变革,加快推进教育改革,从根本上解决创新型人才和高质量劳动者培养的问题。然而,新时代背景下,互联网、大数据、人工智能和物联网等新兴技术不仅影响着人类生产与生活方式,劳动方式也随之不断革新,创造性劳动正在成为新时代劳动的重要特征。因此,培养学生的创造性劳动能力,已成为新时代高校劳动教育的重要使命。

(二)适应创新创业教育要求,亟待培养学生创造性劳动能力

面对新的时代背景和劳动特征,创新创业成为引领经济发展和推动经济转型升级的第一动力,创新创业教育成为培养符合新时代要求的高质量劳动者的重要平台。习近平总书记强调:"创新是社会进步的灵魂,创业是推动经济社会发展、改善民生的重要途径。青年学生富有想象力和创造力,是创新创业的有生力量。"李克强总理提出,要用"双引擎"来助力"双中高":一是打造新引擎,实施大众创业、万众创新,为经济持续发展提供强大动能;二是改造传统引擎,重点是扩大公共产品和公共服务供给,补齐"短板",助力中国经济长期

---

[1] 刘昌亚.加快推进教育现代化 开启建设教育强国新征程——《中国教育现代化2035》解读[J]. 教育研究,2019,40(11):4-16.

保持中高速增长,迈向中高端水平[①]。加强创新创业教育,培养符合新时代要求的高质量劳动者,成为推进高等教育综合改革、提高人才培养质量的重要举措。同时,劳动者整体素能在一定程度上决定着一定时期内国家和社会生产力、创造力的整体水平。高校作为劳动者培养的主要阵地,高校的劳动教育是劳动者素能培养的基础和关键环节。如何将创新创业教育与劳动教育相融合,促使大学生开展创造性劳动,促进劳动者素能的整体提升,对实现经济高质量发展和社会转型发展具有重要意义。为此,2019年,教育部在深化创新创业教育改革相关通知中将创新创业教育与劳动教育紧密结合作为深入推进教育改革、全力打造创新创业教育升级版的基本路径[②],对高等教育深化创新创业教育改革提出了新任务、新课题。2020年,教育部印发《大中小学劳动教育指导纲要(试行)》,明确提出高校要将劳动教育有机纳入专业教育、创新创业教育,不断深化产教融合。在新时代背景下,"劳动"被赋予了全新的内涵,创造性劳动正在成为新时代高校劳动教育的重要特征。将劳动教育与创新创业教育相融合,促进大学生开展创造性劳动,不仅是适应现代信息技术发展与产业变革的需要,也是人的主体发展与自我实现的终极目标。因此,高校要深刻把握新时代劳动教育的特殊内涵,主动作为、积极谋划,将劳动教育与创新创业教育相结合,推进学生开展创造性劳动。

二、案例介绍

西南大学高度重视劳动教育和创新创业教育工作,大力弘扬学校杰出校友袁隆平先生"心在最高处,根在最深处"的开拓创新精神,坚守办学特色,坚

[①] 李克强分享中国方案"双引擎"助力"双中高"[EB/OL].(2015-01-22)[2021-07-29]. http://www.gov.cn/xinwen/2015-01/22/content_2808694.htm

[②] 教育部办公厅.关于做好深化创新创业教育改革示范高校2019年度建设工作的通知[EB/OL].(2019-03-28)[2021-07-29].http://www.moe.gov.cn/srcsite/A08/s5672/201904/t20190408_377040.html.

持协同推进,着力推动创新创业教育与劳动教育相融合,创新劳动教育的新路径。在2020年第六届中国国际"互联网+"大学生创新创业大赛中,学校精心组织,获得国家金奖1项、银奖2项、铜奖1项,取得了历史性突破,金奖项目也是大赛"青年红色筑梦之旅"重庆市首金,在劳动教育和创新创业教育融合发展方面取得优异成绩。

(一)强化协同育人,推进创新创业与劳动教育融合发展

西南大学整合学校资源,优化协同育人全面推进的工作机制,健全完善创新创业与劳动教育融合育人体系,从组织保障、课程建设和实践训练三个方面推进创新创业教育与劳动教育的融合发展。

首先,从组织保障出发,将劳动教育融入学院管理职能。学校于2018年成立正处级建制直属单位——创新创业学院,全面统筹学校的创新创业教育工作,将劳动教育尤其是创造性劳动实践工作职能融入创新创业学院管理职能,实现工作机构、场所、人员、经费"四到位"。学院积极争取国家和地方各类创新创业奖励和扶持基金,吸引社会组织、公益团体、企事业单位和个人的捐助经费和风投基金,支持在校学生进行创新研究、创新实践、自主创业等创造性劳动。

其次,从课程建设出发,在创新创业课程中融入劳动教育。学校建立了高质量的创新创业教育课程体系,即"通识课程+特色课程+专创融合课程+拓展课程"四位一体课程体系,形成创新创业教育与劳动实践双向互动、相互促进的培养模式。在创新创业课程中加强劳动教育,尤其是在通识教育必修课《大学生创业基础》课程的线下教育环节中引入不少于6学时的劳动教育实践环节,教育学生认识自我,树立正确的劳动观和择业就业创业观,引导学生理性面对就业和创新创业中的各种挑战,攻坚克难,砥砺前行。

再次,从实践训练出发,在创新创业实践中强化劳动教育。学校加强校、院两级众创空间和双创实践基地建设,与企业、地方共建200个大学生创新创业实践基地,拓展劳动教育实践场域,推进专业教育、科学研究和实习实训协同育人。加大创新创业教育实践环节比重,在实践训练环节中重视新知识、新技术、新工艺、新方法应用,指引学生创造性地解决实际问题,推动创新创业教育与劳动教育紧密结合,引导学生在创新创业实践活动中体会劳动的价值。

(二)突出专业优势,以科研创新推进创造性劳动实践

学校以中国国际"互联网+"大学生创新创业大赛等竞赛和项目为驱动,培养学生创造性劳动能力,促进学生创造性劳动成果落地转化,将创新创业平台打造为创造性劳动的新平台、劳动成果转化的新渠道、服务社会的新阵地。在第六届中国国际"互联网+"大学生创新创业大赛中,大赛将"青年红色筑梦之旅"活动作为教育系统决战决胜脱贫攻坚的关键一招,全面聚焦52个未摘帽贫困县,助力脱贫攻坚。西南大学参赛项目"柑橘扶贫:四川云萃农业科技有限公司"利用学校学科专业优势,将科研创新和"互联网+"相结合,在比赛中荣获金奖。该项目通过调查发现,柑橘广泛种植于我国贫困山区,是贫困山区农民经济增收的重要渠道。然而,柑橘种植市场70%存在品种落后、技术落后、管理落后、销售渠道落后等问题。针对这一问题,项目立足学校农科专业优势与特色,以柑橘扶贫为目的,以科研创新为动力,以科技人才为支撑,志在整合农业相关资源、研发推广柑橘新品种,将项目打造成一个科研、示范、推广为一体的综合型农业公司,实现创造性劳动成果转化。

项目依托中国农科院柑橘研究所和西南大学科技优势和人才优势,以开展柑橘科技创新,促进优势产业发展为重点,开展种质资源收集、评价与保护、新品种创新与推广等创造性劳动工作,独创多项核心技术。一是国内首创杂

交脱毒新品种选育技术,将柑橘杂交育种手段与脱毒技术相结合培育出无病毒柑橘新品种及其脱毒苗,用于推动柑橘产业健康稳定发展。二是柑橘产业品种落后的贫困地区,独创枳壳大树移栽嫁接建园技术,结合公司柑橘新品种对其直接更换新品种,实现柑橘一年挂果,且提高果实甜度、化渣性等品质。打破枳壳大树移栽嫁接成活率低(20%)的行业瓶颈,使其成活率达到95%以上,经济价值快速增加。普通种植柑橘需要3年才能产生收益,5年才能达到丰产,而本项目研发出的独有技术一年就可以产生收益,3年就可达到丰产。三是对于柑橘产业技术落后的贫困地区,采取国内首创园区托管全产业链科技扶贫模式,提供特有的技术托管与全托管模式。全托管的农户柑橘园区(或种植专业合作社),项目公司除了提供技术、农资产品外,还负责建立基地档案、基地工作日志、具体工作安排(施肥、打药、浇水、除草、疏花、疏果、修枝等)以及后期果品销售与品种更新。项目公司对全托管的所有园区都占20%股份。当被接管园区完全收回成本后,项目公司才开始参与分红。项目独创的产品选育技术、嫁接技术、管理模式均是新时代高校劳动教育中创造性劳动的体现,项目的推广和应用充分彰显了新时代劳动教育的时代价值和社会效益。

三、案例启示

伴随"互联网+"等现代科技创新的空前活跃,人类社会全面步入人工智能和信息化时代,"劳动"被赋予全新内涵,创造性劳动正在成为新时代劳动教育的重要理念,这也是高校劳动教育区别于中小学劳动教育的重要特征。党的十八大以来,习近平总书记立足于新时代经济社会发展背景和劳动实践问题,强调创造性劳动的关键性作用,指出:"要在学生中弘扬劳动精神,教育引导学生崇尚劳动、尊重劳动,懂得劳动最光荣、劳动最崇高、劳动最伟大、劳动最美丽的道理,长大后能够辛勤劳动、诚实劳动、创造性劳动。"①西南大学积极贯彻落实这一要求,在创新创业教育中推动学生开展创造性劳动,全面打造创新创业的组织体系、教学体系和实践体系,在创造性劳动中使学生树立正确的劳动观念、掌握必备的劳动能力、培育积极的劳动精神,不断促进学生的自我实现及主体发展。

(一)在创造性劳动实践中,牢固树立劳动最伟大的思想观念

世界经济的快速发展为高等教育的变革带来了深刻影响。为推动我国社会经济持续发展和产业结构调整,适应国家创新驱动发展战略,创新创业教育成为创新型人才培养的有力支撑。创新型人才的培养旨在塑造学生的创造性劳动能力,强调人才培养应符合新时代、新业态下劳动的发展趋势,注重学生创造性劳动能力、社会责任感、创新精神和实践能力的提升。可见,新时代背景下的创新创业已经成为创造性劳动的重要实践载体。围绕创新创业开展劳动教育,能引导学生在劳动实践中创造性地解决问题,深刻认识新时代劳动的脑力化趋势与创造性本质,促进学生德智体美劳全面发展。

通过上述案例发现,当我国柑橘行业的发展在盲目跟风下面临难题时,创造性劳动在促进行业产业发展和社会进步上具有伟大意义。案例中,我国柑橘行业产业正面临四大问题:一是种植技术跟不上柑橘大面积发展的步伐。许多柑橘种植农户不懂种植技术,甚至连最基本的柑橘病害红蜘蛛、潜叶蛾等都不能有效防治和识别,更别说其他更难防治的炭疽病、溃疡病等的防治以及其他技术处理,盲目跟从导致柑橘种植效果达不到预期,甚至绝收。二是柑橘产业发展方向性错误导致品种落后。许多人加入到柑橘产业发展中来都是看到其他人种柑橘挣钱了才会选择大面积种植柑橘。而且多半是别人种什么品

---

① 习近平:坚持中国特色社会主义教育发展道路 培养德智体美劳全面发展的社会主义建设者和接班人[N].人民日报,2018-09-11(1).

种挣钱了就跟风种什么品种,根本不清楚所种植的品种在市面上处于一个什么状况,已经发展了多少面积,此品种的市场是否已经饱和。这导致70%以上新种植的柑橘产业品种注定落后。三是已有柑橘产业基础的贫困地区,技术管理和品种落后导致病虫害严重及经济价值低。已有柑橘产业基础的大量贫困区域,急需新品种和新技术引领产业健康发展,例如湖南古丈县作为国家柑橘深度贫困县有15万亩椪柑(老品种),5毛钱一斤都少有人收购。经济价值非常低,农户不愿意花更多金钱和精力进行管理,导致品质低下及病虫害严重,形成了一个恶性循环。四是柑橘传统种植周期长、风险大。柑橘传统种植不出大的差错的情况下需要3-4年才能产生收益,第5年才能达丰产。这些问题表明,柑橘种植是一个非常漫长的过程,每年投入的人工、化肥、农药等成本非常高,风险相对较大,种植户经济效益不高。

面对当前柑橘行业的困难,学生们在指导老师的指导下,从行业痛点出发,结合自身所学专业知识,不断研发柑橘新品种,经过反复实践和培育,创造性地解决这一行业难题。首先,同学们依托于国内最大柑橘研究机构——中国农业科学院柑橘研究所,引进了大量柑橘优质品种资源,建立了公司自己的母本园,成立了公司自己的研发中心。其次,同学们研发了国内首创的杂交手段,结合脱毒技术培育出独有的新品种(例如云萃红橘、鸡尾酒柑等)及其脱毒苗,解决了柑橘品种老化及病毒病严重等问题。再次,同学们独创枳壳大树移栽嫁接建园技术,实现一年挂果,且提高果实甜度及化渣性。克服了枳壳作砧木成活率低(20%)的行业瓶颈,提高了种植成活率(95%以上),解决了柑橘种植周期长及品质低下等问题。此外,还首创了国内园区托管全产业链科技扶贫模式,包括技术托管和全托管,提供技术与优质农资产品,负责具体管理(包括安排工人施肥、打药、除草、浇水、疏花疏果以及发工资等)、后期销售、品种更新以及建立基地档案与工作日志等,解决了柑橘种植技术低下及管理落后等问题。案例中的劳动实践正是基于当前柑橘行业的产业现状,通过技术创新和管理创新,在柑橘新品种培育和公司运营的劳动实践中创造性解决行业痛点,将专业的劳动知识转化为生产力的典型代表。通过创造性劳动实践,让同学们理解到劳动对社会进步和人类发展的重要力量,也认识到劳动创造价值、创造财富、创造美好生活的道理,树立劳动最伟大的思想观念。

(二)在创造性劳动实践中,培育积极的劳动精神

创新创业是学生将所学知识、技能付诸劳动实践的创造性活动。新时代创新创业教育的内涵和形式非常丰富,处处渗透着创新、创业、创造,不仅强调学生的能力培养,更注重精神塑造和价值引领。结合创新创业开展劳动教育,将劳动教育理念全面融入创新创业活动,实现创新创业教育、劳动教育协同推进,符合新时代创造性劳动的典型特征[①]。一方面,创新创业使劳动教育充满丰富的智力活动,可以有效增强劳动知识的应用与创造性能力的发展,促进学生在劳动实践中培养创新、创业、创造能力;另一方面,将新时代劳动教育的价值与使命融入创新创业,可以强化学生的劳动自觉与社会责任感,让学生在创新创业实践中培养劳动价值观、树立正确的劳动观念、锻造新时代劳动精神,有利于增强劳动教育的实效性和时代性。创新创业满足了劳动教育中精神引领和实践导向深度融合的要求,是落实劳动教育的有效途径,有利于提高劳动教育的整体水平。

柑橘广泛种植于我国贫困山区,是贫困山区农民经济增收的重要渠道。然而这些柑橘却面临着品种老化、种植技术落后的世界性难题,导致柑橘产业经济价值低下、农民增收困难等问题,急需产业变革和技术革新。为促进我国贫困山区的农户脱贫致富,保障贫困山区的柑橘种植户们能够拥有持续稳定

---

① 朱翠兰,孙秋野.劳动教育融入创新创业教育的探索与实践[J].山西高等学校社会科学学报,2021,33(7):67-72.

的经济收入,我校农学与生物科技学院学生一方面依托学科专业背景优势和多年研究成果,于2018年9月成立了集科研、示范、推广为一体的综合型农业公司:四川云萃农业科技有限公司,在帮助农户的同时注重学科专业与产业新业态、劳动新形态的有机结合;另一方面秉持服务乡村、科技支农理念,将社会责任感转化为自身的劳动自觉,在创新创业的实践中树立了服务地方、服务"三农"的劳动观念和劳动精神。公司建立完整"产+学+研+销"模式,打通全产业链。与西南大学农生院、中国柑橘研究所等重要科研部门深度合作,强力支撑新品种研发;建立地方果园示范基地以及母本园,收集保存大量柑橘种质资源用于杂交选育新品种及优势品种推广;提供大树移栽高换技术、柑橘种苗培育、高标准土壤改良等栽植技术推广、供销农资产品、金融服务等服务;打造线上+线下销售方式解决终端果品销路。目前,在四川、湖南、云南等地推广柑橘新品种3.5万余亩,丰产后每年产值将超过7亿元。带动7000余人再就业,每户增收达5.4万元,共计带动增收超1.2亿元,为脱贫攻坚及乡村振兴"添砖加瓦"。这表明,学校学生在创新创业中尝试新方法、探索新技术,创造性地解决实际问题,提高了学生自身的创造性劳动能力,同时通过服务乡村、科技支农,加快知识向能力的转化,为脱贫攻坚贡献了自己的力量,获得了成就感与责任感,从而培养了学生积极的劳动精神和创新创业精神。

(三)在创造性劳动实践中,培育综合性、创新性劳动能力

劳动除了具有天然的实践属性外,还具有综合性的特征,是一项综合性实践活动。在具体教育实践中,劳动教育可以与各种教育整合,渗透到各学科领域,以达到全面育人的目的。创新创业强调"做中学",在实践属性上与劳动教育高度契合;同时,创新创业教育除专业学科知识外,还涵盖教育、心理、经济、法律、财经、管理等各学科内容,在学科整合方面具有明显优势,高度契合了劳

动教育的综合性特征。因此,以创新创业为载体,实现劳动教育范式创新,推动劳动教育与不同学科深度融合,可以使大学生在学科知识的学习和实践中掌握劳动技能,培养创造性劳动能力,提升劳动热情,从而为劳动教育的深入、有效开展开辟新的途径。

学生们创立的四川云萃农业科技有限公司立足于农业,以科技人才为支撑,旨在打造集柑橘新品种研发、示范、推广、技术服务、农资供应、劳务输出、果品销售等于一体的综合型产业链,其经营范围包括农林牧渔技术推广服务,花卉、水果、蔬菜的种植、销售,坚果种植,销售坚果,农产品初加工活动,货物进出口,销售鲜蛋,销售水产品,销售化肥等。这就要求公司内团队成员不仅要掌握农学专业知识,同时还要具备经济学、管理学等多方面知识。目前,公司拥有团队核心成员6人,其中3人学科专业背景为农学,负责品种研发;1人负责技术研发;1人负责品种推广;1人为经济学专业,负责农业集资。团队成员学科专业结构合理,形成了多学科、跨专业的团队结构,实现了专业之间的优势互补与合理分工。团队成员作为受教育程度较高、思维活跃、接受新鲜事物能力较强的大学生群体,富有极强的创造性和创新精神,有较强的主体性、自觉性、能动性和敏锐性,有巨大的潜力和强烈的创新创业的愿望。通过劳动教育的融入,他们更能培养适合自己的行之有效的创造性劳动能力。同时,团队成员之间还可以相互学习,不断提升每个成员的综合性劳动能力。在团队创新创业的实践过程中,团队成员实现了学科整合与优势互补,高度契合了新时代创造性劳动教育的综合性特征,可以使学生在学科知识的学习和实践中培养综合性、创造性劳动能力,提升创造性劳动的有效性。

四、参与者的劳动体悟

体悟创造性劳动的成就

散文《生命的列车》中把人生比作一次搭车旅行,旅行途中,我们会看到无数的风景,春有百花秋有月,夏有凉风冬有雪,我们也会遇到各式各样的人,发生各种各样的故事。我想创业的魅力亦是如此,充满未知与惊奇,推着自己不断做出改变。

记得刚开始的时候,周围的同学都劝我说为什么要坚持农业这一方面呢,又累又苦,既没前途又没"钱途"。虽然提倡劳动就业平等,可现实就业不也处处充满歧视与偏见,就连同为农业专业的学生都如此劝我。创业过程中来自外界的质疑其实并不难,最难过的坎是极端的孤独,极度的自我怀疑,你只能相信自己。

直到后来跟同事备战创新创业大赛,一次又一次到贫困县调查走访,一次又一次在果园对数据记录收集,一次又一次在原有的技术上交织创新与改变。慢慢地我才明白提倡创造性劳动的意义,读懂折叠在新时代劳动教育中隐秘的智慧—学会创新。不再是新闻报道里脱贫攻坚的四字概括,也不再是创业成功案例中已列举好的干瘪典范。它是有温度的,一次次用实践用创新凝结的温度,他们让我倾倒。

真正让我坚持继续创业是一次去四川的一个贫困县做调研,刚下车一位老人就跑过来拉着我的手带我去看他家已经堆积成山甚至发霉的柑橘,老人在旁边几度哽咽道:"这都是前几年看着别人种才种的,怎么现在就全都卖不出去了呢?家里娃娃的学费怎么办?"我没有想过群山云雾环绕、风景如画的村庄,条件竟是这样异常艰苦。回到车里,同事说:"像那样的情况其实还有很多,山区的贫困总是伴随着盲目,我们需要做的就是帮助他们改变固有的思想,用科技帮助他们脱贫。"尽己所学报桑梓,这是专业带给我的骄傲,也是创业赋予我的责任,更是新时代劳动教育对我的要求。有人曾问过我在柑橘扶贫这条路上后悔过吗?我想说的是,我从来就没有后悔过,我们这些新时代从贫困山区走出的学生接受了高等教育,不是为了摆脱贫困的家乡,而是为了让家乡摆脱贫困。为了彻底消除贫困,就需要有人去不断奔赴贫困。我们,是在新时代背景下千千万万个用高质量劳动和创造性劳动托起"中国梦"的青年大学生。

创业最大的成色和最亮的底色在创新,未来的路能不能行得稳、走得远、飞得高,就在于此。

再次看到那个老人手里拿着用我们公司为他提供的新品种柑橘而换来的钱,脸上满是感激的神情,突然觉得那是我距离袁老最近的一次,每一个劳动者用继承缅怀,怀揣着敬意与责任更加坚定地向前。高山仰止,景行行止。虽不能至,心向往之。即使后来家里人多次要求我稳定下来,当老师、考公务员这些所谓的"铁饭碗"有保障,工作还轻松,我都一一拒绝了。年轻的心中总会有一份执着,它让我拥有了虽千万人吾往矣的勇气和纵使艰难险阻亦不畏前途的力量。

青年多梦,我们正处于人生最宝贵的时期。将自己的所学用在其需要的地方真的是一件特别有意义的事。在创业中尝试新方法、探索新技术,在实际问题中提高自身的创造性劳动能力。同时通过服务乡村、科技兴农,为脱贫攻坚贡献自己的力量,把论文写在祖国大地上,那种成就感和责任感会化解一切对就业的迷茫和对行业的偏见。

——西南大学农学与生物科技学院研究生 陈志友

附录 西南大学劳动教育指导手册

西南大学基于新时代高校劳动教育的时代内涵和工作属性，将劳动教育纳入学校一流本科教育建设工程，积极建构劳动教育工作体系，从顶层设计、实践指导、评价引领三个方面，积极探寻开展劳动教育工作的具体举措，把劳动教育纳入人才培养全过程，推进劳动教育落地落实。学校以劳动教育与专业教育的融合发展为关键，将劳动教育贯穿学生专业成长的全过程，在多次专家论证基础上研制了"基于专业成长的劳动教育指导手册"，手册内容由"西南大学新时代劳动教育行动计划""西南大学新时代劳动教育学生公约"（本书略）"西南大学新时代劳动教育指导教师职责"（本书略）"西南大学全日制本科生劳动素养评价办法"四个部分组成。

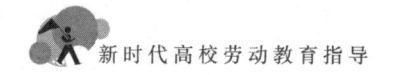

西南大学新时代劳动教育行动计划

（2021-2025）

为构建德智体美劳全面培养的教育体系,根据《中共中央 国务院关于全面加强新时代大中小学劳动教育的意见》(中发〔2020〕7号)、《大中小学劳动教育指导纲要(试行)》(教材〔2020〕4号)和《西南大学关于全面加强新时代劳动教育的实施方案》文件精神,结合学校实际,特制订本行动计划。

一、指导思想

以习近平新时代中国特色社会主义思想为指导,全面贯彻党的教育方针,落实全国教育大会精神,坚持立德树人,坚持培育和践行社会主义核心价值观,把劳动教育纳入人才培养全过程。坚持以提高学生劳动素养为原则,以构建西南大学劳动教育体系为核心,以增强学生劳动实践能力为重点,以加强条件和政策保障为支撑,结合专业人才培养目标,引导学生树立正确的劳动观念、掌握必备的劳动技能、养成良好的劳动习惯和品质,全面提高学生劳动素养,实现知行合一,促进学生形成正确的世界观、人生观、价值观。

二、基本原则

把握育人导向,促进知行合一。坚持党的领导,准确把握新时代劳动教育价值取向,让学生直面日常生活劳动、生产劳动和服务性劳动,亲历劳动过程,在动手实践中,实现"劳心"与"劳力"的结合,促进书本知识转化为有效管用的实践本领,全面提高综合素养。

遵循教育规律,凸显多元相融。以学生成长与发展为中心,围绕人才培养各环节,创新劳动教育体制机制,积极构建第一课堂、第二课堂和第三课堂有机衔接的劳动教育体系,加强劳动教育与专业教育、思想政治教育、创新创业教育、实习实训、社会实践与志愿服务的有机结合,促进学生才能品行协调发展。

强调身心参与,注重手脑并用。把握劳动教育的基本特征,让学生在真实的生产和服务情境中掌握劳动技能,亲历劳动过程,运用所学知识解决实际问题,感受劳动的价值和收获的快乐,领悟劳动的意义,形成正确的劳动价值观和良好的劳动品质。

体现时代特征,彰显学校特色。结合产业新业态、劳动新形态,适应国家经济发展和产业结构转型升级需要,以"三尺讲台"和"田间地头"作为主战场,拓展劳动教育路径,改进劳动教育方式,全面深化产教融合,提升学生劳动技能水平。

三、基本目标

(一)总目标

通过五年建设,建立健全融思想政治教育、专业教育、创新创业教育、校园文化和社会实践于一体的西南大学劳动教育体系,学生的劳动意识、劳动观念和劳动能力明显增强,德智体美劳"五育并举"的育人格局得到进一步完善,形成一批可宣传可复制可推广的"西大特色"劳动教育研究成果。

(二)具体目标

1.学生树立劳动最光荣、劳动最崇高、劳动最伟大、劳动最美丽的马克思主义劳动观;掌握基本的劳动知识和技能,具备胜任专业工作的劳动实践能力、较强的创新创业能力、在劳动实践中发现新问题和创造性解决问题的能力;继

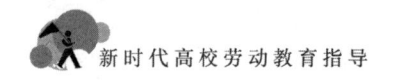

承中华民族勤俭节约、敬业奉献的优良传统,培育积极的劳动精神;珍惜劳动成果,热爱劳动人民,养成良好的劳动习惯和品质。

2.教师坚持以马克思主义劳动观和新时代党对劳动教育的新要求为指导,强化对学生劳动观念的引导、劳动知识的传授、劳动技能的训练、劳动实践的指导和劳动素养的评价,引导学生树立正确的劳动观念、具备必备的劳动能力、培育积极的劳动精神。

3.学校形成健全的劳动教育评价体系,探索运用现代信息技术手段,开展劳动教育过程监测与记实评价,构建过程性评价和结果评价相结合的评价模式,发挥评价的育人导向和反馈改进功能,推进学校形成健全的劳动教育体系,形成具有"西大特色"的劳动教育评价模式。

4.学校打造一批劳动教育建设区示范项目,全面提高学生劳动素养,形成全员参与、特色鲜明、重点突出的西南大学劳动教育育人品牌,建立健全融专业成长、劳动能力和校园文化建设于一体的劳动教育体系。

5.学校凝练一批以"三尺讲台"和"田间地头"为特色的劳动教育典型案例,形成一批可宣传可复制可推广的学校特色劳动教育实践应用和理论研究成果。

四、主要内容

(一)注重劳动价值观引领

引导学生掌握通用劳动科学知识,深刻理解马克思主义劳动观和社会主义劳动关系,树立正确的择业就业创业观,具有到艰苦地区和行业工作的奋斗精神。

(二)养成日常性劳动习惯

引导学生自觉做好宿舍卫生保洁,独立处理个人生活事务,积极参加勤工助学活动,树立自立自强意识,形成良好日常生活劳动习惯。

(三)重视生产性劳动锻炼

引导学生参加实习实训、专业服务和创新创业活动,重视新知识、新技术、新工艺、新方法在专业学习中的运用,积极提高在专业性生产实践中发现问题和创造性解决问题的能力,在动手实践的过程中创造有价值的物化劳动成果。

(四)强化服务性劳动实践

融合第一课堂和第二课堂有机衔接的劳动教育体系,引导学生积极参与校内的卫生保洁、绿化美化和管理服务等活动,自觉参与校外社会实践和志愿服务活动,增强学生的公共服务意识和主动作为的奉献精神。

(五)鼓励创造性劳动教育

注重学科专业与产业新业态、劳动新形态的有机结合,鼓励学生在学习和借鉴他人丰富经验、技艺的基础上,尝试新方法、探索新技术,引导学生创造性地解决实际问题,培养学生的创新精神和实践能力。

五、时间安排

2021年,发布《西南大学新时代劳动教育指导手册》和《西南大学全日制本科生劳动素养评价办法》,启动劳动教育实践基地建设工作。

2022年,推进西南大学劳动教育建设区工作方案和劳动教育评价工作,深化劳动教育实践基地建设工作,全面推进劳动教育落地实施。

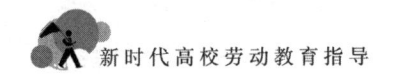

2023年,劳动教育工作取得重要进展,深化西南大学劳动教育建设区工作,遴选一批劳动教育建设区示范项目,推动劳动教育研究项目化运行。

2024年,劳动教育得到全面推广,形成科学先进、广泛认同、具有学校特色的劳动教育理念,形成一批可复制可推广的实践应用和理论研究成果。

2025年,建立健全融思想政治教育、专业教育、创新创业教育、校园文化和社会实践于一体的劳动教育体系,学生的劳动意识、劳动精神和劳动能力明显增强,德智体美劳"五育并举"的育人格局得到进一步完善。

西南大学全日制本科生劳动素养评价办法

第一章 总则

第一条 劳动教育是国民教育体系的重要内容,是学生成长的必要途径,具有树德、增智、强体、育美的综合育人价值。为贯彻党的教育方针,根据《中华人民共和国教育法》《中华人民共和国高等教育法》要求,进一步落实《中共中央 国务院关于全面加强新时代大中小学劳动教育的意见》《中共中央 国务院深化新时代教育评价改革总体方案》《教育部关于大中小学劳动教育指导纲要(试行)》(教材〔2020〕4号)等文件精神,推进劳动教育有效实施,全面提高学生劳动素养,构建德智体美劳全面培养的教育体系,结合我校实际,特制订本办法。

第二条 本办法所称劳动素养评价包含学生本科学习期间劳动素养的过程性评价和整体性评价。对于同一专业名称下不同学士学位类型的学生,只对全日制主修学士学位本科生的劳动素养开展评价。

第二章 组织与领导

第三条 学生劳动素养评价工作在劳动教育工作领导小组的指导下,实行校、院两级管理制度。由教务处统一组织领导,各学院(部)具体实施,教师、学生具体执行。

第四条 教务处是学生劳动素养评价工作的管理部门,负责指导和协助学院(部)开展评价工作。

（一）牵头制定或修订学生劳动素养评价标准，提出评价工作基本规范和要求，明确相关组织和人员职责。

（二）协助学院（部）及校内有关部门解决评价工作中出现的问题，保障评价工作的顺利进行。

（三）组织开展全校评价工作的监督、检查、考核、评估和总结等工作。

（四）组织校级优秀劳动者、劳动教育先进工作者和先进单位的评选和表彰。

第五条　学院（部）是学生劳动素养评价工作的责任主体和实施主体，在教务处的指导下对本单位学生开展劳动素养评价工作。

（一）根据学校评价管理规定，开展本单位本科学生的劳动素养评价工作。

（二）确定劳动教育指导教师或评价实施人。

（三）组织指导教师、学生和其他有关人员学习本办法及本单位相关规定，要求学生和教师严格遵守各项劳动安全制度，确保师生人身安全。

（四）组织劳动教育评价总结、材料归档和质量评估等工作，做好院级优秀劳动者和优秀指导教师的评选与推荐工作，在规定时间内完成学生劳动教育成绩登录和档案归档工作。

第三章　评价要求与内容

第六条　评价目的

坚持立德树人，把劳动教育纳入人才培养全过程，客观反映学校劳动教育实施情况和学生劳动素养发展水平，引导学生树立正确的劳动观念，促进劳动教育与专业教育相结合，在专业学习中掌握基本的劳动知识和劳动技能，在专业实践中亲历劳动过程，动手实践、出力流汗，在实践服务中接受锻炼、磨练意志,深刻领悟劳动的意义价值,在专业成长中培育积极的劳动精神,养成良好的劳动习惯和劳动品质。

第七条 评价原则

(一)注重知行合一。准确把握新时代劳动教育价值取向,坚持立德树人根本任务,引导学生领悟劳动的意义价值,亲历劳动过程,掌握必备劳动技能,养成良好的劳动习惯和品质。

(二)突出专业成长。把劳动教育纳入人才培养的全过程,重点考查学生对与职业发展密切相关的劳动科学知识和劳动技能的掌握情况,在劳动实践中创造性解决问题的能力,以及专业成长的表现。

(三)强调多元融合。采用将课内评价与课外评价相结合、过程性评价与终结性评价相结合、他评与自评相结合的方式,探索增值评价在过程中的运用,客观记录并评价学生在日常生活劳动、生产劳动和服务性劳动中的表现。

第八条 评价内容

包括学生的劳动观念、劳动知识、劳动实践、劳动技能、创造性劳动实践五个维度,学生根据评价内容完成《西南大学学生劳动教育活动记录表》(附件1)。

(一)劳动观念养成

劳动观念是劳动教育的核心,学生通过参加各类劳动教育活动,领悟劳动的意义价值,培育勤俭、奋斗、创新、奉献的劳动精神,开展劳动教育观念自我评价,形成正确的择业观、就业观和创业观。

(二)劳动知识学习

劳动知识是劳动教育的基础,学生通过专题讲座、经典阅读、课程研习、主题演讲等学习途径,掌握能解决实践问题的具体劳动知识。

(三)劳动实践活动

1. 日常生活劳动实践

(1)内容要求

鼓励学生积极参与日常生活劳动,完成个人物品整理、清洗,自觉做好宿舍清扫和垃圾分类,养成良好劳动习惯,提高劳动自立自强能力,营造安静、整洁、卫生、舒适的学习生活环境。

(2)考核要求

根据宿舍卫生检查要求,进行非定期的检查、考核,包括学生宿舍卫生和个人卫生检查情况,并及时通报,纳入评价结果考核。在宿舍卫生和个人卫生中效果良好、成绩突出的可给予表彰和奖励。

2. 生产劳动实践

(1)内容要求

生产劳动实践是学生运用专业知识,在真实环境中完成真实任务的活动。人文社会科学类专业学生的生产劳动实践要与专业实习、社会实践、田野调查、毕业实习、毕业论文等有机结合;自然科学类专业学生的生产劳动要结合生产实习、专业实习、工程实训、毕业设计等进行。

(2)考核要求

此项考核的成绩为学生专业综合类实习成绩(如专业实习成绩、毕业实习成绩、展览成绩、表演成绩等),若专业有多项综合实习,此项考核成绩为多门实习课程成绩的平均值,具体课程由学院在培养方案中标注。

3. 服务性劳动实践

(1)内容要求

鼓励学生积极参与公益劳动实践和志愿服务社会实践,强化学生公共服务意识和主动奉献精神,提高学生综合劳动能力。

(2)考核要求

学生在校完成学业期间,应分别完成上述两类服务性劳动,且参加两类劳动实践总次数不低于3次,每类劳动实践不低于1次,学生参加劳动次数及效果作为考核重要依据。

(四)劳动技能训练

1.专业性劳动技能

(1)内容要求

专业性劳动技能是学生在专业教育中必备的核心技能,是学生对与职业发展密切相关的劳动知识和劳动技能的掌握。人文社会科学类专业劳动技能的习得要与专业实践、社会实践、田野调查等有机结合;自然科学类专业要结合课程实践、专业实验、生产实践、工程实训等,深入开展各类创新性劳动实践活动。

(2)考核要求

该项考核由各专业依据学科专业属性确定2-5门必修课程(须含实验或实践课时)为本专业的劳动教育技能课程,在专业培养方案中进行标注。课程负责人在课程大纲中增加劳动教育目标和技能考核要求,各门课程的平均成绩在劳动教育评价体系中直接转化为专业劳动技能部分的考核成绩。

2.综合性劳动技能

(1)内容要求

综合性劳动技能包括单项综合性劳动技能和职业综合性劳动技能两类,以学生获得相应的技能证书为标准。

单向综合性劳动技能证书可包括普通话水平测试等级证书、国家计算机等级考试证书、机动车驾驶证、全国性英语等级考试证书等单项技能证书。

职业综合性劳动技能证书可包括各类职业资格证书,如导游员资格证书、

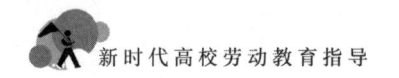

企业人力资源管理师资格证书、法律职业资格证书、教师资格证书、心理咨询师资格证书、景观设计师职业资格证书等。

(2)考核要求

每位学生应至少获得1项综合性劳动技能证书,鼓励学生结合专业实际获得职业综合性劳动技能证书。根据证书的真实性、实用性、价值性和难易程度进行考核。

(五)创造性劳动实践

1.内容要求

鼓励学生在专业实践中尝试新方法、探索新技术、解决新问题,培养学生的创新精神和实践能力。

2.考核要求

考核学生结合专业知识开展高水平创造性或竞技类活动的能力,包括专业类创造性劳动实践和综合竞赛类创造性劳动实践,评价结果作为额外加分计入总成绩,总分不高于10分。

第四章 评价维度与考核

第九条 评价维度。根据评价内容,学生劳动素养由劳动观念、劳动知识、劳动实践、劳动技能、创造性劳动5个维度组成。各部分成绩分值、评分标准和评价依据见附件1。

第十条 评价考核

(一)考核方式

采取学生自评、小组互评、教师评定相结合的方式开展劳动教育素养评价。

1.学生自评

学生根据评价内容,完成相关表格的填写,以班级为单位开展劳动素养自我评价。

2.班级互评

根据自评情况,以班级为单位组织开展互评,劳动素养互评成绩在班级内公示。

3.指导教师评定

学院(部)安排劳动教育指导教师,根据学生自评和互评成绩,最终评定学生劳动素养成绩。其中优秀(85分以上)学生不超过总人数30%。成绩评定后按照成绩记载规定,录入教务系统。

(二)实施时间

评价实施时间安排为:四年制学生安排在第6学期,五年制学生安排在第8学期进行。

第五章　评价结果与应用

第十一条　成绩运用。指导教师综合评定的劳动素养成绩纳入学生培养方案中综合实践类必修课程"劳动教育与社会实践"课程成绩,学生获得学分和绩点。本课程无补考,如学生成绩不及格,需重修相应教学环节。课程成绩将作为学生免试攻读研究生、毕业审核、学位授予等的必要参考。

第十二条　评优评奖。学院(部)根据学生劳动素养综合评价得分排名情况,按照专业学生人数10%的比例向学校推荐"劳动教育实践奖"。学校根据学院推荐名单,授予学生劳动实践奖和荣誉。

第十三条　持续改进。评价工作结束后,由学院(部)组织开展学生劳动素

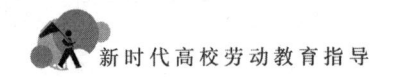

养达成度评价,完成质量分析报告,并对存在的问题提出持续改进的意见和方案。

第六章 附 则

第十四条 本办法自2022级学生起施行。

第十五条 本办法由西南大学教务处负责解释。

附件:1.西南大学新时代劳动教育评价指标表
  2.西南大学学生劳动教育活动记录表

附件

1.西南大学新时代劳动教育评价指标表

评价维度	具体指标	分值	评分标准	评价依据
劳动观念	学生劳动反思、择业就业和创业观	10	让学生在学习和掌握基本劳动知识技能的过程中,领悟劳动的意义、价值,形成勤俭、奋斗、创新、奉献的劳动精神	根据学生填写的自我评价表
劳动知识	聆听讲座 经典阅读 课程研习 主题演讲 其他活动	10	考核学生对通用劳动科学知识的掌握,对马克思主义劳动观和社会主义劳动关系的深刻理解。学生在专题讲座、课程研习、经典阅读、主题演讲四类劳动教育学习活动中至少完成两篇经典阅读报告,其他活动次数不少于3次	根据学生填写的劳动教育知识学习记录表
劳动实践	日常生活劳动	10	考核学生在日常生活劳动、生产劳动和服务性劳动中的劳动表现。日常生活劳动考核学生宿舍卫生和个人卫生情况;生产劳动考核学生专业综合类实习情况;服务性劳动考核学生参加公益劳动实践和志愿服务实践,四年参加两类劳动实践总次数不低于3次	根据学工部宿舍卫生检查情况和文明寝室评比情况
	生产劳动	25		根据专业综合类实习课程成绩。
	服务性劳动	15		根据学生填写的服务性劳动实践活动记录

续表

评价维度	具体指标	分值	评分标准	评价依据
劳动技能	专业性劳动技能	20	学生在日常劳动和专业实践中掌握必备技能，也包括学生在专业教育外获得的各种技能证书	专业劳动技能根据学生培养方案中确定的劳动技能必修课课程成绩，以各门课程的成绩平均分为准
	综合性劳动技能	10		根据学生填写的综合性劳动技能表格以及各种技能证书的扫描件，至少获得1项证书
创造性劳动	专业类创造性劳动	额外加分	考核学生在专业实践中尝试新方法、探索新技术、解决新问题的实践能力	根据学生填写的创造性劳动实践活动记录表以及各种技能证书的扫描件
	综合类创造性劳动			

备注：创造性劳动额外加分不高于10分，总分超过100分以100分计。

附件

2.西南大学学生劳动教育活动记录表

评价维度	考核指标	学习记录		成绩			成绩评价方式
				自评	互评	最终成绩	
劳动观念（10%）	劳动教育观						教师根据学生自评和互评成绩评定最终成绩
	劳动反思						
	择业、就业或创业的观念						
劳动知识（10%）	讲座学习	讲座时间	讲座地点				教师根据学生自评和互评成绩评定最终成绩
		主讲人	讲座主题				
		主要观点					
	书目阅读（至少2篇）	书名	章节				
		主编	出版社				
		主要观点					
		书名	章节				
		主编	出版社				
		主要观点					
	课程研习	课程名称	任课教师				
		上课时间	上课地点				
		主要观点					

续表

评价维度	考核指标	学习记录			成绩			成绩评价方式
					自评	互评	最终成绩	
劳动知识（10%）	主题演讲	演讲时间		活动地点				教师根据学生自评和互评成绩评定最终成绩
		演讲活动名称		主办单位				
		主要观点						
劳动实践（50%）	日常生活劳动（10%）	是否文明寝室		宿舍卫生检查是否被通报				
	生产劳动（25%）	专业综合类实习成绩			无	无		以专业综合类实习成绩为准
	服务性劳动（至少3次，15%）	活动名称		组织单位				
		活动时间		活动地点				
		活动内容						
		主要职责						
劳动技能（30%）	专业性技能（20%）	课程1成绩	课程2成绩	课程3成绩	……	无	无	以课程平均成绩为依据

续表

评价维度	考核指标	学习记录		成绩			成绩评价方式
				自评	互评	最终成绩	
劳动技能（30%）	综合性技能（10%）	技能类型					教师根据学生自评和互评成绩评定最终成绩
		技能名称(列举各项证书名称，附材料扫描件或复印件)					
创造性劳动实践（额外加分不超过10分）	专业类创造性劳动（提供相关证明材料）	活动名称(列举各项活动名称，附材料扫描件或复印件)					教师根据学生自评和互评成绩评定最终成绩
	综合类创造性劳动（提供相关证明材料）	活动名称(列举各项活动名称，附材料扫描件或复印件)					
总成绩							教师根据上述8项成绩评定最终成绩